269-
GME

El Camino de la Bruja

El papel utilizado para la impresión de este libro ha sido fabricado a partir de madera procedente de bosques y plantaciones gestionadas con los más altos estándares ambientales, garantizando una explotación de los recursos sostenible con el medio ambiente y beneficiosa para las personas.

El camino de la bruja
Recuerda tu magia interior y abraza cada ciclo de tu vida.

Primera edición: junio, 2024

D. R. © 2024, Carla Medina

D. R. © 2024, derechos de edición mundiales en lengua castellana:
Penguin Random House Grupo Editorial, S. A. de C. V.
Blvd. Miguel de Cervantes Saavedra núm. 301, 1er piso,
colonia Granada, alcaldía Miguel Hidalgo, C. P. 11520,
Ciudad de México

penguinlibros.com

D. R. © 2024, Mariana Alfaro, por el diseño de interiores
D. R. © 2024, Erick Medina, por las ilustraciones de interiores y portada
D. R. © 2024, iStock, por las ilustraciones de interiores
D. R. © 2024, Michelle Abril, por los audios de mantras en interiores

Penguin Random House Grupo Editorial apoya la protección del *copyright*. El *copyright* estimula la creatividad, defiende la diversidad en el ámbito de las ideas y el conocimiento, promueve la libre expresión y favorece una cultura viva. Gracias por comprar una edición autorizada de este libro y por respetar las leyes del Derecho de Autor y *copyright*. Al hacerlo está respaldando a los autores y permitiendo que PRHGE continúe publicando libros para todos los lectores.

Queda prohibido bajo las sanciones establecidas por las leyes escanear, reproducir total o parcialmente esta obra por cualquier medio o procedimiento así como la distribución de ejemplares mediante alquiler o préstamo público sin previa autorización.
Si necesita fotocopiar o escanear algún fragmento de esta obra diríjase a CemPro (Centro Mexicano de Protección y Fomento de los Derechos de Autor, https://cempro.com.mx).

ISBN: 978-607-384-601-1

Impreso en México – *Printed in Mexico*

CARLA MEDINA

El Camino de la Bruja

RECUERDA TU MAGIA INTERIOR
Y ABRAZA CADA CICLO
DE TU VIDA

AGUILAR

Para ti, que crees en la magia.
Que en estas letras encuentres la señal
que estabas esperando.

ÍNDICE

Introducción. Soy bruja y tú también 13

Parte 1

    1. Intuición 23
    2. Introspección 39
    3. Oscuridad 57

Parte 2

    4. Despertar 93
    5. Transformación 105
    6. Sintonía 127
    7. Integración 189

Aprendizaje 205
Agradecimientos 209
Bibliografía 211

Introducción
Soy bruja y tú también

Escribí este libro desde mi percepción, mi visión, mi experiencia y la forma personal en la que llevo mis prácticas. Las librerías están repletas de libros teóricos, históricos, tradicionales, culturales, científicos y más en este y otros temas similares. Hay mucha información ahí afuera a solo un clic de distancia, y es por eso que te digo que no tengo la verdad absoluta ni pretendo tenerla. No soy experta, maestra, ni gurú.

Hay muchas maneras de ser bruja, y esta palabra significa cosas diferentes para distintas personas. Yo no represento a todas las mujeres. Yo no represento a todas las brujas o practicantes de brujería, tampoco a todos aquellos que están en su viaje espiritual.

Te sugiero que al leer este libro no te claves en los detalles. Puede ser que algunas partes de él resuenen con tu proceso, puede ser que en otras partes estés en desacuerdo, y eso está bien. No escribo libros para decirte cómo deberías de ser, cómo vivir tu vida, ni cómo buscar tu felicidad. Los escribo para sembrar en ti las ganas de redescubrirte y recordar el ser mágico y único que ya eres.

En estas páginas me referiré a la palabra *bruja* desde el aspecto femenino, pero no necesariamente me estaré dirigiendo a una mujer.

La bruja, para mí, representa esa parte de nosotros que ha sido censurada, ignorada o castigada. Es el aspecto decidido de alguien que entiende que tiene el poder dentro de sí, que no teme salirse de lo que está establecido para vivir en completitud, que se cuestiona y cuestiona para conocerse, que entiende que es parte de un todo y que cuenta con los elementos para expandirse a través de sus experiencias. Es no encajar en roles predefinidos.

Por fuera, la actitud de la bruja puede parecer desobediente, o rebelde, pero es más bien de protagonismo en su historia. Una persona así es alguien que escucha a su intuición y se cuestiona **todo**; que tiene la sabiduría para darse espacio para errar porque detrás de una equivocación hay un aprendizaje, que no busca la perfección porque la perfección no existe, que aprende día con día y honra lo que es, que se alinea con su verdad y su integridad, que reconoce que es parte de un todo, es una fuerza de la naturaleza porque es parte de la naturaleza, así que utiliza ese poder para crear, manifestar y sanar. Ser bruja es estar en la continua búsqueda de tu propósito personal,

Introducción

verdad interior y poder de intención. Querer descubrir tus dones, talentos y aquello que te hace ser tu mejor versión. Reconocer tus habilidades y aplicarlas para hacer magia.

Feliz transformación,

Con amor,
Carla

PARTE I

RECONOCIENDO LA MAGIA

> *Aquellos que creen en la magia están destinados a encontrarla.*
> MAGO MINO

¿Qué es la magia?

La magia no se esconde al fondo de un sombrero negro con una paloma y un conejo blanco. La magia es el instrumento para vivir en amor propio, sanar tu pasado para construir tu futuro y vivir en plenitud.

Los instrumentos mágicos son nuestras herramientas de poder, como: la meditación, los mantras, los cuencos, los oráculos, la oración, los arquetipos, las cartas del tarot, el péndulo, el trabajo lunar, la terapia, los rituales... en fin, el universo es abundante y las herramientas son infinitas, solo hay que encontrar las que resuenen con nuestras necesidades.

En este libro exploraremos algunas de mis herramientas mágicas favoritas.

¿Cómo emprendo el camino de la magia?

A lo largo de la búsqueda de mi verdad, muchos me han preguntado cómo pueden iniciar este camino. Mi respuesta es que no se trata de iniciarte, se trata de reencontrarte.

Cuando comencé a cuestionarme quién soy me quise embarcar en el viaje de autodescubrimiento, explorar el camino de mi alma. Atreverme a decir que la vida es un misterio y que las respuestas habitan dentro de nosotros aun cuando no tengamos las respuestas concretas en una lógica terrenal. Yo personalmente encuentro paz en la teoría de que somos más que nuestro cuerpo físico y nuestra mente. Nuestra alma es infinita.

Somos infinitos

Soy fiel creyente de que nosotros elegimos esta experiencia llamada vida para nuestra expansión y crecimiento. No venimos a aprender, venimos a recordar. Cada momento que vivimos en este planeta, en esta experiencia humana, es una elección para nuestra evolución. Nuestra alma es sabia, y se expande con cada situación que aparenta ser difícil. Lección que no es aprendida o integrada, es lección repetida. Y hasta no hacerlo seguiremos repitiendo patrones, o encontrándonos con el mismo monstruo, en diferente máscara.

Reconociendo la magia

Nuestra alma desde antes de pisar esta tierra elige la familia que tenemos, las amistades de las que nos rodeamos, las parejas que hemos tenido, el trabajo en el que estamos, elegimos incluso a las personas que representan un desafío o dificultad. Ese es su rol, y no es una tarea fácil, ya que ellos también eligieron ser parte de nuestro crecimiento.

Todo lo planificamos cuidadosamente antes de nacer, y elegimos habitar este planeta que nos va a desafiar con retos y obstáculos para nuestra expansión. Y antes de que pienses que soy una "forever" o "hippie", porque pienso que somos seres de luz, te lo voy a confirmar: todos somos seres de luz viviendo en una experiencia humana. Nuestra alma es ese ser de luz que elige vivir la experiencia humana para trascender.

Así que aquí está la revelación: ya te iniciaste, ya eres bruja, solo tienes que integrarlo.

CAPÍTULO 1

Intuición

Mi reencuentro

Parte 1

Nunca me sentí atrapada, nunca me cuestioné, ni me avergoncé de quién era. Por años pensé que tenía la absoluta libertad de sentir, de amar, de creer lo que yo eligiera.

Caminaba por las calles de Londres con mi hermano cuando nuestro turisteo nos llevó a merodear por calles empedradas y angostas que recibían a sus pocos transeúntes en boutiques locales, cafeterías con personalidad y tiendas irreverentes; de pronto, una llamó mi atención. Se trataba de un espacio extraño que contrastaba con la grandeza de la ciudad, la uniformidad de las casetas telefónicas, los camiones de doble nivel, los volantes a la izquierda y las grandes avenidas. Esta tienda pertenecía a otro tiempo y a otro lugar. Las ventanas del local eran opacas y te hacían dirigir la vista hacia el ojo enorme sobre la puerta. Este me recordó al personaje de una película con la cual crecí, *Hocus Pocus*, en la que una de las brujas tenía un libro mágico con vida propia y con un ojo por cerrojo.

Me acerqué curiosa. Incluso de cerca no lograba distinguir lo que se escondía tras los cristales sucios y ahumados.

La puerta de madera era muy antigua y tenía en el centro una aldaba de metal en forma de una mano que reposaba en una bola. Bajo mis pies leí el tapete: *Welcome Witch*.

Mi corazón comenzó a latir con fuerza como si estuviera a punto de hacer algo indebido, una travesura. El temor y la incertidumbre subieron por mi cuerpo en escalofríos, pero en el fondo algo me gritaba que entrara, que esa bienvenida bajo mis pies estaba dirigida a mí, solo a mí, que había estado esperándome.

Una parte de mí reconocía el lugar y tenía la sensación de que detrás de esa puerta había algo que siempre, aun sin saber nombrar, sabría que llegaría. Me detuve un momento, titubeé, me alejé. Mi hermano sonrió cómplice y retador para después decirme: "¿Qué? ¿No vas a entrar?". Parecía que él sabía algo que yo no, como si reconociera en mí algo que yo no era capaz de ver.

Empujé la puerta sin vacilar, estaba más pesada de lo que pensé, y al hacerlo una pequeña campana sonó. Me sobresalté porque no lo esperaba y volteé rápido a mi alrededor para ver si algún turista o local que pasara por esa calle se había percatado de que estaba entrando a ese lugar prohibido. A nadie le importó. El mundo no se detuvo, nadie gritó: "¡Alto ahí! ¡Detente!", no escuché las sirenas de la policía a distancia, nadie me paró en seco. Ni siquiera había gente cerca, solo unas adolescentes en la banqueta de enfrente caminando en otra dirección. Nadie me peló. Así que entré por completo, permití que mis ojos se ajustaran a la oscuridad

1. Intuición

que contrastaba con el día soleado y me permití sentir el pesado aire con olor a salvia blanca y humedad. El humo del sahumerio nublaba un poco mi visión.

El local –pequeño, viejo, y lleno de objetos diferentes– se veía como la guarida de un coleccionista que tuviera una pizca de acumulador. Había libreros retacados de pared a pared y uno se tenía que abrir paso entre las distintas mesitas que exhibían cuarzos, piedras, cristales, joyería, y lo que parecían ser varitas mágicas y bolas de cristal.

Mi vista ganó claridad. Una señora de cabello blanco y vestido negro me observaba desde el fondo con una sonrisa picarona. "Hazme saber si necesitan algo". Guiñó el ojo y desapareció detrás de la cortina de cuentas que se movía como los cuarzos que le colgaban del cuello.

Me acerqué a uno de los libreros, donde vi las palabras "wicca", "almanaque", "paganismo", "rueda", "aquelarre", "adivinación", "tarot", "magia". ¿No eran estas las palabras que me habían enseñado a tomar por falsas, peligrosas o fantasiosas? Cada una me revolvía el estómago como si tuviera mariposas o náuseas. Quizá era una combinación de las dos. *La bruja verde*, *Bruja de la luna*, *Libro de hechizos*... Comencé a leer los títulos pasando los dedos por los lomos para sentir las texturas. *Magia blanca*, *Guía de runas*, *El péndulo del poder*... Mis pupilas se dilataron con asombro. Oráculos de hadas, dragones, cristales, leyes universales, ángeles. Ángeles, ¿los mismos de los que me habían hablado en el catecismo? Un almanaque lunar, uno de hechizos, otro de diosas, uno más de brujas... almanaque pagano. Esa última palabra me había dado un escalofrío sin saber por qué.

Pero entonces lo vi: *Almanaque y la Rueda del año, incluye trabajo lunar.* Mi cuerpo se erizó por completo.

Sin pensarlo lo tomé rápido entre mis manos y por un momento sentí que tenía que hacer la compra rápida, que tenía poco tiempo, que alguien me estaba persiguiendo. No lo hojeé ni leí la contraportada, corrí al mostrador con la silla vacía, y grité nerviosa: "¿Cuánto le debo?". La mujer de cabello blanco, inmutada ante mi velocidad, atravesó sin prisa la cortina murmurando entre risas algo que no entendí.

—¿Perdón? —le pregunté.

—Bienvenida de vuelta.

—Es la primera vez que vengo a la tienda.

Sonrió más ante mi respuesta.

—Lo sé... Bienvenida de vuelta.

Honestamente pensé que la señora estaba demente, pero no le di mucha importancia. Saqué el dinero apresurada, me entregó mi cambio y me señaló el almanaque como para que lo tomara. ¿No me iba a dar una bolsa de plástico para que nadie pudiera ver la compra? La mujer me miraba incrédula, pero yo lo estaba aún más. Sentía que había entrado a una sex shop y ahora me hacían salir con el producto en la mano, revelando todo de mi vida. ¿Qué dirían al verme con algo pagano?

Y fue así como en medio de mis pensamientos ansiosos, el olor a palo santo, la sonrisa cómplice de mi hermano y la bienvenida de la señora misteriosa **me reencontré con una parte de mí que había olvidado.**

1. Intuición

LA INTUICIÓN ES EL GPS DEL ALMA

La única cosa realmente valiosa es la intuición.
ALBERT EINSTEIN

La intuición, también conocida como yo superior, sabiduría interior, sistema de guía interior, ser interior, voz interior, entre otras, es una inteligencia amplificada que nos permite acceder a un reino de posibilidades completamente nuevo. Es una experiencia directa de conocimiento: saber lo que sabes sin saber cómo lo sabes. Es la sensación de un empujón de inspiración o claridad. Es el susurro que te llama hacia algo sin una explicación lógica.

Todos tenemos este GPS interior increíblemente sabio, pero la mayoría no lo sabe o no lo usa porque vivimos en un mundo que le da toda la importancia a la lógica y a lo que podemos percibir con nuestros cinco sentidos. La conciencia de la mayoría de las personas está completamente concentrada en su mente, por lo que la mayor parte del tiempo están perdidas y consumidas en su discurso mental.

Para poder conectar hay que cambiar el enfoque de nuestra conciencia. Es como sintonizar otra estación de radio: al hacerlo, estás en un nuevo canal con diferente información.

La intuición está conectada a una inteligencia superior, donde se desarrollan sorpresas mágicas y mucho mayores de lo que la mente podría predecir o controlar. Y es donde se encuentra tu experiencia más profunda de paz, propósito y alineación.

¿Por qué seguir tu intuición?

La lógica se basa en el pasado y en lo que "sabemos", y cuando solo se confía en lo conocido es posible recrear aquello de siempre. No sé ustedes, pero yo no vine aquí para vivir una vida predecible. Vine aquí para expandirme más allá de lo que mi mente cree posible. Vine aquí para experimentar. Para vivir plenamente. Para cumplir el llamado de mi alma.

Nuestra intuición "ve" cosas que la mente y la lógica no pueden. Cuando confiamos en ella, los sucesos inesperados y las sincronías ocurren con más frecuencia. Entonces la vida se suaviza y sientes que fluye a tu favor, manifiestas experiencias, oportunidades y personas alineadas a tu vida con mucha más facilidad.

Existe la idea errónea de que seguir tu intuición es ser inmaduro o loco y que es más seguro confiar en la lógica. La decisión es nuestra, podemos tomar el camino conocido, lógico y familiar y recrear lo que ya ha sido, o podemos seguir el camino intuitivo y crear nuestro destino paso a paso.

¿Cómo escuchar a tu intuición, el llamado de tu alma?

Escuchar la voz de tu alma es realmente fácil, cualquiera lo puede hacer. Pero hace falta coherencia. Tu alma tiene un llamado y nunca es tarde para escuchar y responder porque siempre está. Estuvo llamando ayer, está llamando hoy y estará llamando la próxima semana.

Responder a los llamados de tu alma no es un acto de una sola vez; es una conversación constante. No tienes que hacer algo grande ni necesitas tener la respuesta a la pregunta "¿cuál es mi propósito?". Nuestras respuestas pueden ser pequeñas acciones, una tras otra. Un pequeño paso aquí o un pequeño salto allá para encontrarnos viviendo la vida que estamos destinados a vivir: una vida guiada por el alma, esta conoce tu camino.

Yo empezaría por una pregunta: ¿qué es lo que quiere tu alma hoy?

Cuando te concentras en el *qué*, es momento de soltar el *cómo*. El *cómo* no nos toca. Imagina que pones una dirección en un GPS. Quizá sabes perfectamente a dónde quieres ir, pero no tienes información satelital en tu cerebro, así que solo queda confiar en la actualización del GPS. A veces este va a recalcular, otras veces te va a llevar por rutas desconocidas que incluso te pueden llegar a asustar, tal vez cuando redireccione te llevará por un camino más largo. Pero al final necesitas confiar en él. Así es confiar en el universo.

Si aún no tienes claro el *qué*, sigue dialogando con tu alma todos los días, concéntrate en escuchar y en actuar según esos susurros. Antes de que te des cuenta, te encontrarás no solo viviendo en alineación con quién eres a nivel del alma, sino también viviendo en alineación con todo.

¿Cómo conectar con tu intuición?

Creo que aquí hay una palabra fundamental: **miedo**.

Recuerdo la vez que fui a una conferencia de Elizabeth Gilbert, una de mis autoras favoritas. En su charla comentaba que para poder tener una vida creativa ella conscientemente elegía todos los días la curiosidad en lugar del miedo. Conectar con tu ser más místico es escuchar a tu voz interior, dejar que esa voz sea tu guía.

La traición más grande que he sentido en mi vida fue cuando no escuché a mi intuición. Me traicioné a mí misma. Preferí escuchar lo que me decía una expareja, a pesar de que algo dentro de mí me advertía a gritos lo que estaba pasando. Ignoré a esa voz interior y me castigué pensando que estaba loca, elegí el miedo para aferrarme a esa relación por una huella de abandono muy grande. Cuando al fin la verdad salió a la luz, me di cuenta de que mi intuición siempre había tenido la razón, y me sentí profundamente triste por haberme ignorado, por haber elegido el miedo y la aceptación exterior en lugar de escuchar a mi verdad.

¿Te ha pasado alguna vez que intuyes algo, estás convencido de que algo va a pasar o está pasando e incluso así eliges el miedo en lugar de tu voz interior?

La cordura es un destino al que busco llegar diariamente. Todavía estoy aprendiendo a operar mi mente y escuchar el llamado de mi alma.

Te invito a escuchar el tuyo.

1. Intuición

CÓMO SE SIENTE EL MIEDO VS CÓMO SE SIENTE LA INTUICIÓN

MIEDO	INTUICIÓN
○	◎
✦ Me siento abrumado ✦ Mi mente da vueltas y no logro enfocar ✦ Inseguridad, confusión ✦ Todo tiene sentido de urgencia ✦ Se siente como que tengo o debo hacer algo ✦ Algo te empuja	✦ Las ideas son claras y espontáneas ✦ Conciencia absoluta ✦ Verdad ✦ Templanza ✦ Todo fluye con naturalidad, nada es obligación ✦ Algo te sostiene

MIEDO = LOOP
Tu miedo quiere permanecer en un loop repitiendo el mismo ciclo una y otra vez, esto es lo que le resulta cómodo y seguro al ego, ya que esto es todo lo único que conoce.

INTUICIÓN = ESPIRAL
Tu intuición te invita a hacer cambios graduales en tu vida que conduzcan hacia tu evolución, expansión y conciencia. Puede ver más allá de los ciclos repetitivos de la mente y te saca de tu zona de confort para ir más allá de lo que crees saber.

Mi reencuentro

Parte 2

Había guardado el almanaque en el fondo de mi maleta. Encima de él estaban mis zapatos, la ropa sucia que había utilizado en el viaje, compras, souvenirs cursis, una cosmetiquera y otra bolsita con mis artículos de higiene personal. Para el momento en que llegué a mi casa y me puse a desempacar, ya se me había olvidado que había comprado el almanaque. Lo tomé y la culpa me invadió de nuevo. ¿Por qué? Dejé las montañas de ropa en el centro de la cama y me senté en la esquina a leer la contraportada.

Este almanaque es el lugar perfecto para que las brujas modernas realicen su planeación mística día tras día, apoyándose de rituales para honrar a los equinoccios y solsticios mediante la rueda del año. Magia inspiradora, ciencia, recetas místicas, hechizos y trabajo lunar hacen de este almanaque una guía indispensable.

Incluye:
✧ *Rueda del año*
✧ *Hechizos y rituales*

1. Intuición

✧ *Las fases lunares importantes*
✧ *Sabbats*
✧ *Y mucho más*

Con asombro dejé caer el libro sobre mi cama. *¿Qué hice? ¿Qué es esto?*

De inmediato vino a mí una historia aterradora que me contó una niña en la primaria. Estábamos en el recreo, yo comía un sándwich con crema de cacahuate y ella disfrutaba de unas papitas que incluían un "tazo", ese disco de plástico que venía de regalo en las papas. Le había salido "Taz", el demonio de Tasmania. No sé si el personaje la inspiró, pero ella se arrancó con su historia.

—Escuché que una niña de otro colegio compró una ouija. Las ouijas son del diablo, las usan las brujas. Debes tener mucho cuidado cuando la compras, porque después no te puedes deshacer de ella.

—¿Cómo que no te puedes deshacer de ella? —pregunté.

—Sí. La niña que la compró se puso a jugar sola en su cuarto, y el fantasma de una niña muerta se comunicó con ella por medio de la ouija. Se asustó mucho y entonces la tiró a la basura. Al día siguiente la ouija apareció debajo de su cama... Te digo, una vez que compras una, no te puedes deshacer de ella. Es un contrato. Se queda contigo para siempre.

La historia me aterró por años, nunca se la conté a nadie. Ese juego estaba "embrujado", era un portal. ¿Y si un fantasma entraba por ese portal y no te dejaba en paz? La historia parecía una película de terror. Aun cuando me asustó mucho ese cuento, admito que cada vez que iba a una juguetería pasaba muy rápido por los pasillos donde estaban los juegos de mesa. Los recorría rápidamente, pero con curiosidad, escaneando las cajas para ver si alguna de ellas era una ouija. Quería verla y a la vez no.

No sé si esta niña del recreo se inventó la historia para verse cool o si alguien más se la había contado a ella para asustarla (o prevenirla). No sé si se inspiró en la película *Jumanji* (la de Robin Williams, no la versión moderna con The Rock), o en *Chucky*, pero esa historia me persiguió por años hasta ese momento en el que desempaqué mi maleta y tenía el almanaque en mis manos. ¿Esto también será un portal? ¿Esto es brujería? ¿Si me quiero deshacer de él no voy a poder? Respiré hondo. *Ridícula.* ¿Qué es lo que me causa esta sensación de incertidumbre? Claramente identifiqué lo que me descolocaba: la palabra *bruja*.

¿Por qué la palabra automáticamente me llevaba a una connotación negativa? Yo misma incluso la había utilizado como palabra despectiva, como un insulto. Culturalmente la imagen de la bruja es malévola o ridícula. Abrí mi laptop y tecleé la palabra, el resultado del MINCETUR (Perú) se leía así:

> *aquella persona que realiza actos de magia o hechicería para dominar la voluntad de las personas o modificar los acontecimientos, especialmente si provoca una influencia dañina o maléfica sobre las personas o sobre su destino.*

1. Intuición

¿Es verdad lo que dice el diccionario? ¿Una bruja domina la voluntad de las personas y les hace daño? ¿Todas las brujas son malas? ¿Las brujas existen o es solo una moda? ¿Qué significa exactamente ser una bruja?

Tememos lo que desconocemos.

Mi cabeza palpitaba con preguntas que me taladraban el cerebro, me incomodaban. Nunca me había atrevido a escucharlas. Tenía miedo de que hacerlas fuera una ofensa, temía traicionar a alguien. En este revoloteo de preguntas había una en particular escondida en mis sombras que no me atrevía a alumbrar, sabía que de hacerlo no habría vuelta atrás, todo cambiaría. Estaba dispuesta a que así fuera, así que decidida me cuestioné: *¿Y si yo soy una bruja?*

CAPÍTULO 2

Introspección

POR MI CULPA, POR MI CULPA

Yo nací y crecí en la ciudad de Monterrey, México. Nací con pecado original, de acuerdo con la religión que mi familia practicaba y me inculcaría, por eso mis papás, antes de que caminara o hablara, me bautizaron.

Cuando estuve un poco más grande me metieron a clases de catecismo para poder hacer mi primera comunión. A mí lo que más me importaba era el vestido blanco que mi abuela me hizo a la medida para ese día tan especial. Para mí era todo un espectáculo, tanto por la ilusión que me causaba usarlo como por la sensación de vestir un disfraz. Como niña que soñaba con ser artista, cada oportunidad de ser vista y aplaudida me llamaba la atención —la escolta, el ballet, la banda de guerra—, no podía ignorar la teatralidad que me ofrecía este evento.

Pasaron los años, y entré a estudiar en una preparatoria lasallista. Para podernos graduar, teníamos que hacer nuestra confirmación. Esa fue la primera vez que me cuestioné en silencio. ¿Qué tenía que ver mi diploma con confirmar mi fe ante la Iglesia si había concluido mis materias, era buena estudiante y cumplía con todo? Me quedé en silencio. No me atreví a exponerlo porque rehusarme complicaría las cosas, así que solo seguí las indicaciones y me gradué. No fue hasta que ingresé a la universidad que vi que había un abanico de posibilidades —como irme a vivir y trabajar en otro país— que nada tenían que ver con un dogma, sino con mi potencial. El "deber ser" ya no tenía cabida en lo que visualizaba para mí.

Ese día que regresé de mi viaje de Londres y me hice aquella pregunta tan incómoda, tan llena de miedo y tan fuera de todo lo que había conocido, estaba abriendo los ojos, descubriendo que este era apenas el principio de mi camino, que tenía miedo y eso estaba bien. Nuestras creencias a veces van de la mano con el temor de defraudar o decepcionar a la gente que queremos, a nuestra familia, pero al querer evitar los prejuicios nos llenamos de vacíos y bloqueamos nuestra expansión.

Sentada en la esquina de la cama, con el almanaque en las manos y la maleta abierta me cuestioné. ¿Qué pasaría si me hacía preguntas y buscaba respuestas reales, no fabricadas por culpas o miedos? ¿Qué tanta de mi energía podía poner en conocer mis necesidades? ¿En buscar herramientas de autoconocimiento? ¿Qué pasaría si me atreviera a perseguir mi verdad interior? **¿Qué pasaría si me daba la oportunidad de estar bien conmigo, aunque no estuviera bien con todo el mundo?** Estaba dispuesta a averiguarlo.

SANANDO Y ABRAZANDO MIS CULPAS

Gracias a que me dejé sentir esa incomodidad y esa culpa pude identificar cuál era su raíz.

Carlita siempre fue complaciente, buscaba tener buenas calificaciones para ser recompensada, se subía a un escenario para ser reconocida, quería ser la mejor hija, amiga y alumna para sentirse suficiente. Comencé a identificar por qué cuando no entendía un problema de matemáticas me dolía el estómago, por qué cuando tenía una audición me daban ganas de vomitar y por qué cuando las cosas no salían exactamente como las había planeado sentía una profunda decepción por miedo a defraudar a los que quiero.

¡Qué paquete tan grande y qué tarea más desgastante!

Quiero decirte que en el momento en que estoy escribiendo esto lo hago con los ojos llenos de lágrimas, con un profundo miedo a una sombra que acaba de resurgir hace algunos días y que yo creía que estaba en el olvido. A lo que quiero llegar es que el trabajo nunca está completo, no vivimos una experiencia perfecta, sin tropiezos ni retos. La culpa y el miedo siguen presentes en distintas situaciones de mi vida que se presentan cada cierto tiempo y lo único que puedo hacer es preguntarme: "¿Desde dónde me paro cada día? ¿Desde el miedo o la culpa?".

Si operamos desde el miedo o la culpa nuestras decisiones son absolutamente limitadas, pero siempre podemos transformar algo retador en algo hermoso.

¿Qué es la culpa?

> *La culpa es un sentimiento o experiencia intensamente dolorosa de creer que somos imperfectos y, por lo tanto, indignos de amor y pertenencia.*
> BRENÉ BROWN

Sanar heridas emocionales y espirituales es toda una aventura.

Sanar **no** es "terminar con" cualquier problema. Digamos que constantemente dudas de ti, de tus capacidades, de qué tan suficiente eres. Puede que te propongas "sanar" esas dudas y, por lo tanto, esperes sentirte seguro por arte de magia. Es probable, también, que empieces a experimentar aún más dudas sobre ti mismo y caer en una espiral.

La realidad es que cuando nos proponemos sanar, todos nuestros "demonios" o "sombras" comienzan a surgir. Las cosas que se interponen en el camino de nuestros verdaderos deseos comienzan a manifestarse. Nuestras sombras salen con toda su fuerza.

Esto no significa que algo haya salido mal, que estemos "sanando" mal. Significa que estamos siendo invitados a un nuevo nivel de conciencia, aceptación e integración de

2. Introspección

nuestros miedos. Así es como funcionan realmente la transformación y la alquimia.

Todo esto es una invitación a verte a ti mismo con tal **claridad** que no podrás negar tu verdad ni un segundo más.

Es como tener un espejo cubierto de manchas de pasta de dientes. En él ves una versión distorsionada de ti mismo, no tu verdadera esencia. Solo te ves a ti mismo a través de pequeñas motas blancas, la vista no es tan nítida, los colores no son tan vivos y los detalles son difíciles de percibir. La conexión con tu reflejo es borrosa.

Sanar nuestras culpas y miedos es como limpiar las manchas de pasta de dientes del espejo del baño. Borras las capas de miedo, vergüenza y culpa. Cuando el espejo está limpio, tu reflejo es nítido. Te ves a ti mismo en todo tu esplendor. Y comienzas a tomar **decisiones conscientes** que son íntegras para ti.

Pero esto no significa que nunca más habrá manchas en tu espejo. Todos los días te lavas los dientes, varias veces, ese espejo va a terminar manchado en la noche. La vida tiene una manera gloriosa de enseñarte a profundizar cada vez más en nuevos niveles de sanación. Sanar no es borrar el dolor de la vida, es tener la capacidad de recordar que puedes limpiar el espejo en cualquier momento.

Date unos momentos para integrar lo que acabas de leer. ¿Dónde te resuena? ¿Estás pasando por algún momento retador o alguna sombra se está haciendo presente? ¿Cuál es esta incomodidad que necesita ser abordada? ¿Qué te está mostrando? ¿Cómo puedes aprender de ella?

SI LO CREES, LO CREAS: UN CLAVADO A MI SISTEMA DE CREENCIAS

Cuando comencé con Taller Mágico en 2016, lo que más deseaba era crear una comunidad. No sabía muy bien lo que estaba haciendo y estaba estresada porque, incluso desde el principio, solo quería alcanzar el objetivo final de construir esa plataforma. Al inicio no me sentía a la altura de mis ideales. El sentimiento no ha desaparecido a pesar de que he tenido tantas experiencias y logros en comunidad que parecerían indicar que debería haberlo hecho.

Desde entonces, en diferentes momentos de mi vida a lo largo de los años, me he encontrado atrapada en lugares donde sentía que no podía salir. En ciertos momentos, cualquier pequeño comentario podía afectar mi percepción de quién era yo. Había una desconexión entre lo que sentía por dentro y lo que otros me decían que debía sentir. Cuando me di cuenta de que buscaba aprobación externa en lugar de mirar hacia adentro, supe que algo tenía que cambiar.

Hoy en día, en mi vida personal y profesional he llegado a un punto en el que ya no puedo vivir con el síndrome del impostor. Ese sentimiento de recurrir a estímulos externos y constantemente buscar validación y permiso es desgastante y devastador. Comencé a ir a terapia y a explorar distintas herramientas de sanación y eso me enseñó a observar mis acciones, pensamientos y creencias.

2. Introspección

Creo que el síndrome del impostor llega cuando no creamos el espacio para permitirnos sentir toda la gama de emociones que conforman nuestra identidad y por ende nuestra verdad. Sin ese conocimiento y comprensión internos, buscamos validación externa y un sentido de pertenencia.

Descubrir cómo transitar el síndrome del impostor consiste en aprender que nuestra relación con nosotros mismos es la más fácil de descuidar, pero la más importante que cualquiera de nosotros jamás tendrá. Consiste en abrazar tu proceso y entender que antes de cualquier acción hay un pensamiento, y los pensamientos se sustentan sobre nuestras creencias, por lo que, para transformar determinadas acciones y comportamientos, es necesario revisar nuestras creencias.

Existen dos tipos de creencias: potenciadoras y limitantes. Tal como lo dicen sus nombres, las primeras potencian nuestras experiencias y nos invitan al aprendizaje amoroso. Las segundas nos limitan, bloquean nuestras acciones y nos ponen en modo pausa o huida.

¿Qué son las creencias limitantes?

Son esos pensamientos construidos a través de la experiencia, es lo que damos por verdad y puede limitar nuestro desarrollo o potencial, impide que alcancemos aquello que deseamos.

Imaginemos unas gemelas (sí, yo también me imaginé a Lindsay Lohan en *Juego de gemelas*). A las dos hermanas les gusta el mismo chico, la gemela 1 (llamémosle Hallie) está segura de que va a conseguir salir con él, mientras que la gemela 2 (llamémosle Annie) cree que no es suficiente.

¿Qué gemela crees que tiene más probabilidad de salir con el chavo?

La que de entrada cree que puede. La otra se está limitando a sí misma, se autosabotea, no se va a atrever ni a pedirle su WhatsApp. Su percepción sobre sí misma le impide hacer algo que sin duda puede hacer.

Una creencia limitante es un obstáculo para avanzar en nuestro camino.

¿Cómo se construye una creencia limitante?

Las creencias fundamentales del ser humano se consolidan en el periodo de aprendizaje, por lo que las personas que están a cargo de la educación de un niño durante los primeros años de su vida tienen una influencia muy importante en la forma de pensar que ese niño tendrá cuando sea grande.

Por eso el entorno familiar, sociocultural y la educación que recibiste en tu infancia condicionaron la forma de pensar que tienes hoy.

¿Qué tipo de creencias te compraste en tu infancia? Esas creencias que no son tuyas, pero escuchaste en tu entorno, o te convencieron de que esa era tu verdad. Pueden ser en relación con tu amor propio, tu relación con el dinero, con tus relaciones amorosas, con lo que es correcto o no, etc. Estos son pensamientos asociados a ideas o sentimientos que damos por buenos ya sea por fe, confianza o miedo.

Nuestras creencias no son la verdad. Son "verdades" que nosotros mismos construimos

Las creencias no solo se asientan en la infancia. A lo largo de nuestra vida vamos adoptando creencias y es incluso mayor en esta era tan cambiante. Aquí algunos ejemplos:

- La situación está difícil, así que no voy a conseguir trabajo.
- Si dejo a mi pareja no voy a encontrar a nadie que me quiera.
- Ya no estoy en edad para reinventarme.
- Para tener dinero necesito renunciar a…
- A estas alturas no puedo ni voy a cambiar.
- Nunca tendré esto…
- No tengo suficiente experiencia.
- Hacer esto se me da fatal…

Las creencias pueden generarse a través de:

- Una experiencia: por ejemplo, si me muerde un perro y comienzo a creer que todos los perros son peligrosos.
- Alguien que consideramos una autoridad moral o de conocimiento: por ejemplo, depositar tu confianza en alguien que crees que sabe sobre una materia.

✦ Tu sistema de creencias: por ejemplo, si tu moral o tu fe te hacen creer que leer las cartas te enviará al infierno.

Las creencias tienen un poder extraordinario, que es el condicionamiento. Es decir, las creencias dirigen tus pensamientos y tienen la capacidad intrínseca de condicionarte. Así que si crees que todo te va a salir mal... ¿adivina qué? Una creencia puede llevar al cumplimiento de una profecía, creer es poder. Ese condicionamiento es determinante en nuestra vida tanto de forma positiva como negativa.

Así, una creencia limitante puede bloquearte y no permitirte llevar a cabo acciones que son totalmente lógicas. Por el contrario, una creencia potenciadora puede llevarte a alcanzar los retos más grandes o que parezcan más imposibles.

Lo más bonito de todo es que siempre podemos cambiar o resignificar nuestras creencias. Cambiarlas puede transformar nuestra experiencia vital. ¿Pero cómo lo hago?

Herramienta mágica:
Mi journal mágico

1. **Detecta y observa tu creencia.** Las creencias se trabajan de una en una, nunca dos creencias en una misma sentada. Es como darle dos instrucciones distintas a tu cerebro, esto generaría un bloqueo.

    Observa tu forma de expresarte e intenta detectar frases que comiencen con: "creo que este no es el momento para", "tengo miedo de", "no voy a poder". Presta atención también a las generalizaciones tipo: "todo me sale mal", "tengo pésima suerte". Observa los adjetivos que te pones: "soy torpe", "soy inútil", "soy incapaz".

    Recuerda que tú solo eres quien crees ser.

    Ten cuidado con las creencias trampa tipo: "ayudar a los demás es de buenas personas", porque basándote en esas creencias podrías intentar ayudar a todo el mundo y descuidar tu vida. Una creencia positiva deja de serlo en cuanto limita tu vida.

¿Cuál es tu creencia limitante en este momento?

_____
_____
_____

¿Cuándo fue la primera vez que se manifestó?

_____
_____
_____

2. **Cuestiónate.** ¿Por qué crees eso?

- "Porque me ha pasado otras veces", por experiencia
- "Porque me lo dijo alguien que sabe", por autoridad
- "Porque es lo correcto", por moral

Si te es posible, identifica con exactitud cómo llegó a tu pensamiento:

_____
_____
_____

3. **Cambia la creencia.** Para cambiar una creencia limitante por una creencia potenciadora aquí va una técnica de PNL (pro-

2. Introspección

gramación neurolingüística) que trabajaremos desde nuestra sombra. Tomaré la del "síndrome del impostor" como ejemplo. Después tú podrás trabajar las que necesites.

¿Alguna vez has sentido el síndrome del impostor? Ese momento en el que tiras la toalla antes de intentarlo por distintas creencias limitantes, miedos o culpas.

_____
_____
_____

¿Qué creencias limitantes te compraste alrededor de la sombra del síndrome del impostor?

_____
_____
_____

Pregunté a la comunidad de Taller Mágico y ellos me contestaron lo siguiente:

✧ No soy suficiente
✧ Si no sobresalgo, mi familia no se sentirá orgullosa de mí
✧ El éxito no es camino fácil, nunca lo voy a alcanzar
✧ No creo tener la preparación necesaria
✧ No tengo talento

- ✦ Si me animo a hacerlo, voy a hacer el ridículo
- ✦ Soy un fraude, las personas creen que puedo, pero en realidad no, algún día se darán cuenta de que no sé hacer nada
- ✦ Soy responsable de la felicidad de los que me rodean
- ✦ Me niego a hacer cosas que me divierten porque no me salen bien
- ✦ Debo destacarme en **todo** lo que haga
- ✦ Tengo miedo de que juzguen mi desempeño
- ✦ Prefiero posponer o dejar incompleto un proyecto por miedo a fallar
- ✦ No sé si a las personas les va a gustar lo que hago

Ahora, de la lista anterior, elige una creencia negativa que te resuene.

_____
_____
_____

Ahora identifica si es una creencia externa (recibida por otras personas) o una propia (interna).

_____
_____
_____

2. Introspección

Cuestionar la fuente de nuestras creencias es otra manera de conseguir desterrar la creencia limitante porque cuestionas la autoridad.

¿Eso que crees es verdad?

_____
_____

¿De acuerdo con quién?

_____
_____

¿Qué autoridad tiene esa persona sobre ti? ¿Es cierto porque lo dice esta persona?

_____
_____

Ahora cuestionemos la generalización de la experiencia.

¿Qué es lo peor que puede pasar?

_____
_____

¿Crees que necesariamente siempre tiene que ser así?

_____
_____

¿Estadísticamente tu creencia es así en el cien por ciento de los casos?

_____
_____

Todo comportamiento encierra una intención positiva, descubre y escribe cuál crees que sea el ángulo positivo de esta creencia, ¿qué puedes aprender de esto?

_____
_____

¿Cómo puede mejorar tu vida aplicando la creencia positiva?

_____
_____

CAPÍTULO 3

Oscuridad

LA BRUJA EN EL ESPEJO: LA NOCHE DEL VESTIDO VERDE

*Necesité de toda aquella oscuridad
para encontrar mi propia luz.*
Alejandro Ordoñez

Me había puesto un vestido verde traslúcido con lentejuelas. El maquillaje y peinado estaban *on point*. Regresé a casa "triunfante" después de entrevistar a una de las mujeres más hermosas y talentosas que he admirado en el medio artístico. Esa noche recibí elogios, propuestas laborales y aplausos.

Ya de vuelta en casa, en mi habitación, con mucho esfuerzo desabroché el cierre del vestido que recorría mi espalda y me puse mi pijama violeta de nubecitas. Fui al baño para desmaquillarme y hacer mi rutina de skin care nocturna. Eso es algo que me inculcó mi mamá: "Nunca te vayas a dormir maquillada, por más cansada que estés".

Agotada y un poco harta remojé un algodón con agua micelar para destruir la obra de arte que había realizado el maquillista, pero al ponerlo sobre mi piel mi reflejo me miró directamente a los ojos. **Soy un payaso.**

Comencé a llorar.

Qué poca coherencia. Si supieran cómo me siento me verían diferente. Si me atreviera a mostrarme tal cual soy seguramente me rechazarían. Se darían cuenta de que no sirvo para nada. **Soy un fraude.**

Me sentía llena de miedo, vacía, sin rumbo, con culpa, dudas y sin amor hacia una sola parte de mi ser.

No era la primera vez que me sentía así, pero en el espejo no reconocía este dolor, era un dolor distinto, desgastado, cansado de existir. Incómoda, zombie, hueca. Miraba mis ojos en el reflejo y no me reconocía. Estaba ausente.

¿En qué momento había acumulado tanto dolor? Malagradecida. Con la vida, con mi gente, conmigo misma.

Para echarle más limón a la herida, una semana antes mi pareja había terminado conmigo. Aun cuando yo sabía que me había sido infiel, me negaba a escucharme y preferí adoptar la verdad que él había fabricado para mí, que simplemente me había dejado de querer.

Esta traición sumaba aún más dolor a mi inseguridad, creía que mi responsabilidad más grande en una relación romántica era hacerlo feliz. Me había propuesto ser la mejor novia: la más comprensiva, la más cool, la más adaptada, la que nunca tenía problemas, la más exitosa, simplemente la mejor, porque de esa manera nunca me abandonarían.

3. Oscuridad

El miedo a la traición o al alejamiento siempre estaba presente y el hecho de que esa relación se hubiera desmoronado me había dejado el sentimiento de haber "fallado". No era lo suficientemente buena para que eligieran permanecer a mi lado.

En cuanto a lo profesional, estaba persiguiendo mis sueños, lo que me había propuesto, lo estaba "logrando". Nadie sabía lo que estaba pasando. Todos pensaban que estaba "bien".

Veía mi reflejo y era como si existieran dos versiones de mí, la que todos veían y la que en realidad era.

Me senté en una esquina en el piso abrazando mis rodillas. Mi cuerpo temblaba y naturalmente comenzó a mecerse de un lado a otro, un arrullo para dormir. ¿Cómo puedo ser yo?

Algo en mí me miró desde fuera. Como si un fantasma flotando en el techo pudiera ver la escena a la perfección. Parecía una loca. Si alguien pudiera verme como me veía yo en ese momento, me encerrarían en un manicomio. Temblaba como si tuviera frío y lloraba sonoramente como un bebé. *¿Qué me pasa? ¿Qué es esto que estoy sintiendo? Ya no lo quiero sentir. Me duele, me arde, me desgarra. No lo quiero habitar, no quiero estar un segundo más conmigo, necesito que me saquen de mí.*

Ese pensamiento detonó más miedo en mi interior y mi cuerpo comenzó a resentirlo aún más. La parte izquierda de mi cuerpo se adormeció, como aquella vez que fui al dentista a extraerme las muelas del juicio y la odontóloga me había aplicado anestesia que hizo que no sintiera mi cara, que no pudiera sentir si sonreía, si hablaba o si pasaba saliva.

Soy un fracaso. Me sentía culpable y avergonzada. Lo único que pasaba por mi mente era pedir perdón. Pedirles perdón a mis papás porque los estaba deshonrando. Por pensar diferente, por sentir diferente, por vivir lejos, por sentirme sola, por **estar** sola.

Tomé el celular y los llamé a Monterrey. Cuando contestaron no me salían las palabras. Solo sonaba como un chivito recién nacido. Lloraba y me costaba respirar.

—Perdón —dije entre llanto.

—¿Por qué? —respondió mi mamá. Sabía que estaba escuchando en altavoz y probablemente mi papá estaba cerca.

—¿Están orgullosos de mí? —pregunté entre sollozos.

—Claro que sí, mijita —contestó mi papá.

—Pero hice todo al revés. No me casé, no tengo hijos, no construí una familia, no sé si hice bien en perseguir mis sueños, no sé si valió la pena, nada tiene sentido. ¿De qué sirve todo esto? ¿Seguros que están orgullosos de mí?

—Claro que sí, nada de eso importa si eres feliz. Eres diferente a todos los demás.

Sé que las palabras de mis papás tenían toda la intención de hacerme sentir bien, pero por alguna razón esa respuesta me cayó como agua helada. Esto no es la felicidad. Eso quería decir que no había valido la pena, que en la búsqueda de mi empoderamiento, de mi individualidad, de mi propio reconocimiento, me había perdido por completo.

3. Oscuridad

No me gustaba la persona que era. Ni yo misma me caía bien. Además, no quería ser diferente, quería ser igual a todos los demás. Ser diferente me hacía sentir un extraterrestre, un monstruo en observación. Quería mezclarme, ser una réplica, fundirme con el resto de la gente.

Pasaron los días y no me quería levantar de la cama, pero tenía que hacerlo por compromisos de trabajo. Pasaba días sin comer, no me daba hambre, y hacer el intento resultaba en una sensación nauseabunda y profundamente incómoda. Iba al gimnasio en la madrugada para distraer a mi demonio mental y esas sesiones de entrenamiento terminaban conmigo en el baño del gym tapándome la boca para que no me escucharan llorar. No podía dormir, lo único que hacía que me diera sueño era ver reality shows de repostería en Netflix (gracias, Zumbo).

Esta situación era insostenible, era cuestión de tiempo que todo me explotara en la cara. Así que pedí ayuda.

Avergonzada llegué a mi primera cita con la psiquiatra. En mi familia no se acostumbraba a hablar de estas cosas, solían evitarlas hasta que desaparecieran. Si no hablábamos de algo era como si nunca hubiera pasado. El sol se tapaba fácil con un dedo.

El consultorio era pequeño y oscuro, o tal vez así lo recuerdo porque era el reflejo de lo que estaba sintiendo. Ahora que lo pienso, al pensar en esa época no recuerdo un solo día soleado.

—¿Por qué estás aquí?

Solo comencé a llorar. Lloraba y al hacerlo reía, porque me parecía una situación absurda. Era ridículo que fuera tan infeliz, que me sintiera tan poco capaz, tan poco suficiente, pero a la vez pensaba que hasta esa sensación era una emoción inventada por mí. No entendía nada. Hablaba, lloraba y reía a la vez. Como si hubiera abierto la llave de mis emociones. No podía parar.

Me desbordaba y vomitaba palabras en un monólogo sin lógica, era un sinsentido.

Hablaba del presente y me brincaba al pasado para después dar un salto al futuro, donde enlistaba todo lo malo que podría pasar, todos los panoramas desafortunados, oscuros. Sabía que no estaba siendo coherente, pero la terapeuta solo me escuchaba, me veía llorar, con una *poker face* tremenda. Ocasionalmente me ofrecía pañuelos, anotaba algo en su libreta, y continuaba escuchando mi maraña de conversación.

Creo que hablé por una hora entera, sin parar. Cuando al fin terminé, nos quedamos mirando en silencio. Fue el silencio más ruidoso que he vivido.

—¿Estoy loca?

—No, Carla, tienes un trastorno de ansiedad.

La habitación me daba vueltas.

—¿Y ahora?

—Ahora te toca escucharte, abrazarte y darte cuenta de que solo tú puedes regresar a ti.

3. Oscuridad

La noche del vestido verde:

Horas después:

NAVEGANDO MIS EMOCIONES

Habitar mi oscuridad fue un paso esencial para reconocer mi bruja interior. En las sombras se encuentran las respuestas y poco a poco fui encontrando herramientas sanadoras y muy poderosas para transitar este ciclo. Aunque es incómodo, tu alma necesita que te sientes y que sientas todo. Una bruja emprende su camino dando un clavado en su oscuridad y observando lo que surge.

Con el diagnóstico de trastorno de ansiedad, llegó el momento de explorar mi realidad y darme cuenta de qué información tenía guardada a nivel emocional y familiar. Información que estaba escondiéndose en mis sombras y yo trataba de cubrir, en lugar de llevarla a la luz. Lo que necesitaba era adentrarme a ella, ser realista y tirar del pedestal falsos ideales y, sobre todo, salir adelante.

La ansiedad puede desencadenarse por diferentes cosas para diferentes personas. Es importante que reconozcamos eso y también que reconozcamos el hecho de que todos nos enfrentamos a ella de manera distinta.

A lo largo de los años he aprendido a amigarme con mi ansiedad para que no arruine o controle mi vida. Si estás pasando por un momento de ansiedad, pánico o depresión, quiero decirte que entiendo tu dolor. Yo he estado ahí, sé que no es fácil y te abrazo. Así que quiero compartir cinco pasos que me han ayudado a identificar mejor las formas en las que se desencadena mi ansiedad y, lo que es más importante, cómo puedo superarla en los momentos que más lo necesito.

3. Oscuridad

Herramienta mágica:
Cinco pasos de autocuidado

1. **Identificar y racionalizar.** Uno de los pasos más importantes para enfrentar la ansiedad es saber de dónde proviene, tienes que llegar a la raíz del problema.

   Una vez más, la ansiedad puede surgir de muchas formas diferentes, por lo que es importante descubrir qué desencadena tu ansiedad, comprender que la ansiedad tiene una razón de ser y reconocerla como una alerta que el cuerpo manda porque hay algo que trabajar.

   Para mí, puede variar, a veces lo que desencadena mi ansiedad es pensar demasiado, plantearme panoramas que aún no han sucedido y algunas veces parecen surgir de la nada. Cuando estoy al borde de un ataque de ansiedad, en medio de uno, o si simplemente estoy ansiosa, el siguiente paso que debo tomar después de identificar por qué me siento como me siento es hablar conmigo misma.

   Recordarme que estoy bien es el primer paso. El segundo paso es recordarme que el peor escenario posible que está en mi cabeza probablemente nunca sucederá.

La peor decisión que puedes tomar es negar lo que hay en ti. Deja salir lo que está ahí adentro. Navégalo. Son temporadas.

2. **Habita el presente.** Es importante recordarte a ti mismo en dónde estás aquí y ahora. Eso que te genera ansiedad seguramente está en el pasado o en el futuro. En este momento estás bien y no está pasando nada, todo estará bien.

Si estás abrumado e irritado pensando en el futuro, vuelve a enfocarte en lo que importa: el presente. El arraigo y la presencia te conectan a la tierra.

Eso no significa que tu ansiedad desaparecerá repentinamente por completo, solo significa que podrás controlar mejor el lugar donde te encuentras ahora.

3. **Concéntrate en tu respiración.** Concentrarte en tu respiración ayuda a calmar tu cuerpo. Respirar profunda y lentamente por la nariz me ayuda a navegar mis momentos de ansiedad.

Personalmente utilizo la técnica de la Respiración de la caja o Box Breathing. Esta es una herramienta espiritual que descubrí en el libro *Rising Strong* de Brené Brown. Esta técnica ayuda a calmar la respuesta de lucha o huida y estar en el momento presente.

Una sola sesión de prácticas de respiración como esta puede crear efectos físicos positivos como reducir la presión arterial y aumentar la variabilidad del ritmo cardiaco y la oxigenación.

3. Oscuridad

BOX BREATHING

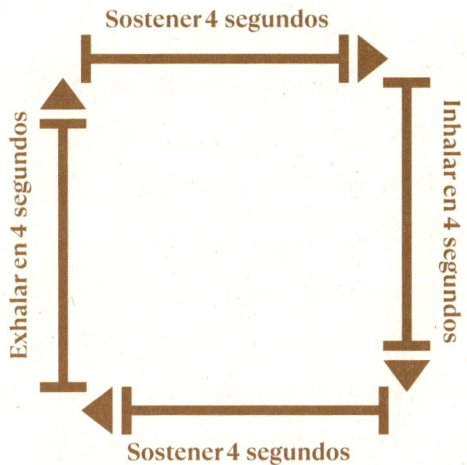

4. Pide ayuda, habla sobre ello. Padecí ansiedad durante años sin reconocerla porque la ignoré por completo.

Tenía ataques de ansiedad, pero no los reconocía, y los etiquetaba como "estoy nerviosa", "estoy triste", "tengo el corazón roto", "me hace enojar mucho esta situación porque no la puedo controlar". Luché con mi ansiedad y llegué a momentos muy bajos debido a ella sin siquiera saberlo.

Cuando estaba pasando por momentos duros recuerdo que no quería ser una carga para nadie, aunque sabía que había muchas personas que se preocupaban por mí. Ir a terapia cambió mi vida. Gracias a eso, empezó a ser más fácil hablar de lo que me pasaba con las personas importantes para mí.

La terapia es fundamental para nuestro autodescubrimiento, padezcas ansiedad o no. Es un espacio seguro que te proporciona herramientas para abrazar tus ciclos, para descubrirte.

Sé que no siempre es fácil abrirse a la vulnerabilidad, pero una vez que lo haces es muy liberador.

5. **Medita.** La primera herramienta que apliqué en este camino brujil fue la meditación. Cuando comencé esta práctica le comentaba a mi maestra que no podía meditar porque mi mente con pensamientos catastróficos no se callaba, y ella me respondió: "No se calla tu mente porque no meditas". Mis pensamientos ansiosos me rebasaban y conectaba con esa mente monstruosa que se plantea panoramas futuros catastróficos.

Meditar no es callar a la mente, es navegar lo que te pase sin prestarle atención a la fatalidad del miedo al futuro o a las memorias del pasado. Es ponerte en el rol de observador para que se abra un espacio donde no quepa la angustia, el estrés, la culpa ni el miedo.

La meditación es una herramienta poderosísima que nos ayuda a tener la certeza de que todo está bien, que solo somos víctimas de nuestra mente. Cualquier respuesta que estés buscando no está afuera. Está dentro de ti, y para ello date permiso de ir hacia adentro.

Es importante recordar que esto también pasará. Si estás atrapado en tus pensamientos en un planteamiento caótico, conéctate contigo celebrando lo bueno que está presente en tu vida.

Herramienta mágica:
Mantras de liberación

Om Namo Bhagavate Vasudevaya

Escuchar este mantra nos libera del estrés y la ansiedad, hazlos mientras haces box breathing.

¿Y SI HACEMOS UN FRANKENSTEIN?
(léase cantando "¿Y si hacemos un muñeco?" de *Frozen*)

Había pasado mi cumpleaños y para celebrarlo quise ir a uno de mis lugares favoritos en el mundo, Tepoztlán. Estaba lejos de saber que esa sería la primera de muchas celebraciones por mi vuelta al sol que haría en ese valle sagrado.

Tepoz es un pueblo mágico conocido por ser el lugar donde nació el dios azteca Quetzalcóatl, la serpiente emplumada. Desde la primera vez que visité este lugar me enamoré. Me enamoré de su mercado de artesanías, del cerro del Tepozteco, de sus calles empedradas, de sus construcciones prehispánicas y coloniales, de su pollito al carbón, sus temazcales, sus esquites asados y, sobre todo, de su misticismo.

Este valle tiene una energía maravillosa, indescriptible. Es como si el tiempo se detuviera y en el aire se respirara magia. Es un lugar donde muchos dicen ver objetos extraños y al que, por haber sido habitado por una población que rendía tributo al imperio azteca, los amantes del misticismo se sienten atraídos por la energía de las montañas y los secretos que guarda. Me atrajo a mí.

Emocionalmente me encontraba en un momento complicado, me sentía como si no pudiera avanzar, como un zombie que deambulaba por la vida. No estaba presente y me llenaban pensamientos de inseguridad y angustia. Me había dado permiso de descubrir quién era realmente, cuál era mi propósito, y el camino del autodescubrimiento no es fácil,

3. Oscuridad

se siente como si un tren te arrastrara a 360 kilómetros por hora. Además, tenía el corazón roto (otra vez) y estaba tratando de recuperar los pedacitos para pegarlos cual kintsugi.

En esta búsqueda para apapachar mi corazón le pedí a mi mamá me acompañara el fin de semana a Tepoztlán con el pretexto de que había pasado mi cumpleaños. Esos días de desconexión con el mundo nos sirvieron para conectar con nosotras.

El domingo recorrí con ella el mercado de artesanías, le mostré mis puestitos favoritos y las tiendas esotéricas, le presenté a los artesanos de los cuales me había hecho amiga, le regalé unos cuarzos, y me compré mis inciensos favoritos y mi primer japa mala, una sarta de cuentas para recitar mantras. Fue ahí cuando la vi: dentro de una tiendita estaba la estatua de una imagen desconocida para mí. No sabía quién era ni su historia, pero algo me atrajo como imán. Me senté enfrente de la estatua, y mis ojos se llenaron de lágrimas. Me sentía ridícula por conmoverme así, algo me transmitía y no entendía qué. La estatua era de cantera y estaba a la venta, pero era muy pesada y yo no veía la manera de traerla conmigo a la ciudad.

—Es Ganesha —una voz interrumpió mis pensamientos. Era un hombre de mediana estatura, con el cabello blanco y anteojos redondos. Un Harry Potter mayor—. El dios hindú, removedor de obstáculos. —Sonreí complacida, mensaje recibido—. También es el señor de la abundancia y el aprendizaje

Me senté en el piso para poder verlo a los ojos, con mis dedos comencé a recorrer la estatua, como si estuviera reconociéndolo con el tacto. Tenía cuerpo humano y cabeza de elefante, una larga trompa que en el centro tenía tallado el Om, aquel mantra y sílaba de gran importancia en ciertas religiones. A sus pies reposaba una rata y su pecho estaba adornado con una serpiente.

—¿Te llamó, verdad? —Sin quitarle los ojos de encima a Ganesha asentí.

—Pero está muy pesada, no tengo cómo llevarlo a mi casa, vivo en la ciudad.

El señor se acercó lentamente, como si me fuera a decir un secreto. Se puso en cuclillas a mi lado y me dijo:

—A mí también me llamó en un viaje que tuve a la India, lo veía por todas partes y me ayudó con mis procesos. Comencé a conectar con él y mi vida cambió, todos mis caminos se abrieron, me vine a vivir a Tepoztlán, puse mi negocio y desde entonces es mi misión darle un espacio para extender su mensaje. Y veo que también te atrajo a ti. Elegiste bien, eligió bien.

Nos quedamos observándolo en silencio por un momento. La duda comenzó a nublar mis pensamientos, ¿la historia que me contaba este señor era real? Mi cabeza ansiosa se contó dos historias:

1. El señor era un gran vendedor, les decía lo mismo a todos sus clientes para engatusarlos, nunca viajó a la

3. Oscuridad

India, no le interesaba mi vida y lo único que quería era venderme esa pieza. Por eso me contó la historia de este dios con la finalidad de que algo en mí se despertara y comenzara a creer que existe esta fuente poderosa que te sostiene y te libera de obstáculos.

2. El señor decía la verdad, viajó a la India y conectó con Ganesha, su proceso personal fue bellísimo y lo quiso compartir conmigo porque logró percibir lo que yo sentí al ver la pieza. Por eso me contó la historia de este dios con la finalidad de que algo en mí se despertara y comenzara a creer que existe esta fuente poderosa que te sostiene y te libera de obstáculos.

¿Importaba cuál historia era real o solo el resultado? Daba igual. Fuera lo que fuera todo me llevaba a lo mismo: me había contado la historia de este dios con la finalidad de que algo en mí se despertara y comenzara a creer que existe esta fuente poderosa que te sostiene y te libera de obstáculos.

Llena de excusas continué en voz alta:

—Pero no lo conozco, no me sé su historia. ¿Cómo lo voy a tener en mi casa?

—Hagamos una cosa. ¿Hablas inglés? —Sin entender la relación de su pregunta con mi situación, asentí—. Si te lo llevas, te regalo el envío, te llega a la puerta de tu casa y así no lo tienes que cargar, además te presto un libro que me compré en la India, es un libro maravilloso, solo que está en inglés, por eso mi pregunta. Ahí explica toda la historia de Ganesha, su simbología, quién era y toda su historia. Cuando te entreguen la escultura en tu casa les regresas mi libro, porque es muy especial para mí. Puedes sacarle copias —terminó con una sonrisa traviesa.

Nos quedamos viendo en silencio por unos segundos. El trato estaba hecho.

3. Oscuridad

Días después llegó Ganesha a mi casa. Lo estaba esperando ansiosa. Desde muy temprano en la mañana me puse a trapear y barrer como nunca. Su llegada era una excusa para hacer feng shui en mi hogar, cambié la sala de lugar, hice unos cuantos ajustes en el comedor, hasta lavé los platos con anticipación.

Liberé el espacio donde lo iba a posicionar. Estaba justo en medio de dos ventanales por las cuales la luz del atardecer se filtraba pintando todo el cuarto de color dorado. Era el espacio perfecto, mi pequeño oasis, mi espacio zen. Cuando al fin llegó lo recibí con amor, lo rodeé de flores y plantas. Encendí un incienso y coloqué algunos cuarzos a su alrededor. Orgullosa, lo observé en su nuevo hogar.

Algo había cambiado. No sabía si me lo estaba imaginando, pero con su llegada cambió la energía de mi casa. El ambiente se sentía más ligero, limpio, había espacio a la posibilidad. Y fue ahí, después de la efusiva bienvenida, que me cayó el veinte.

¿Y ahora qué hago? ¿Cómo le hablo a esta deidad? Aun cuando me había devorado el libro en préstamo, conocido su historia, su simbología y de dónde venía, me sentía poco preparada y un tanto intimidada por mi nuevo huésped. ¿Qué tal si no lo hago bien? ¿Si lo deshonro? ¿Qué tal si soy irrespetuosa? ¿Para poder tener un Ganesha en mi casa debía ser hindú?

Insegura me senté frente a él. Lo miré como la primera vez en aquel negocio en Tepoztlán, mis dedos recorrieron su rostro nuevamente. Cerré los ojos, respiré profundo y comencé: "Padre nuestro que estás en el cielo...".

Pausa.

Comencé a reírme. No sabía cómo hablarle.

En ese momento entendí que estaba bien, que no habría manera equivocada de conectar con Ganesha si hablaba desde el corazón. Estaba haciendo lo mejor que podía, con las herramientas que contaba en ese momento. Todo era perfecto.

Y ahí me hice una promesa. Prometí no conformarme, investigar y leer más acerca de la energía divina del universo. Prometí no cerrarme y no sentirme culpable por no ser experta en algo. Conscientemente integré que entre más me informara, menos sabría, y estaba bien no saber. Estaba bien abrazar las opciones que resonaban conmigo y construirme a pedacitos. Estaba increíble abrirme al mundo de mis posibilidades, de mi verdad, de mi paz y serenidad. Estaba en la búsqueda de la plenitud y no iba a parar. Y para ello tendría que reunir un poco de las creencias con las que crecí, los aprendizajes de mis viajes, lo que ya me hacía sentido en el mundo y también aquello que me maravillaba. Este nuevo marco para mi vida tendría que envolver mis valores, mi amor por la vida, mi voluntad de no hacerle daño a nadie, de cuidarme y de amarme en mi imperfección.

Fue ese día cuando comencé a armar mi Frankenstein. Ese ser único hecho con todos los pedacitos que me conforman.

Herramienta mágica:
Crea tu Frankenstein

¿Cuál es el tuyo?

_____
_____
_____

¿Qué eres?

_____
_____
_____

¿Qué resuena contigo?

_____
_____
_____

¿Qué quieres construir?

_____
_____
_____

¿Qué herramientas requieres?

_____
_____
_____

¿Qué otras cosas conforman tu Frankenstein? Anótalas:

3. Oscuridad

MORIR Y RENACER

Cuando comencé a estudiar Tarot evolutivo recuerdo que tenía mucho miedo de llegar a la carta de la muerte. Tenía el concepto de que si te salía ese arcano en una tirada representaba lo peor, el final. Le externé esto a mi maestra y solo sonrió, me dijo que precisamente esa carta era su favorita, y la tenía en su mesita de noche para verla todos los días.

No entendía a lo que se refería hasta que comencé a estudiarla. La muerte es la mayor transformación, la metamorfosis por la que se tiene que atravesar para llegar a los aspectos más profundos del ser, la completitud, el cierre, la bienvenida a un nuevo ciclo. No podemos experimentar un nacimiento si no existe una muerte. Para que nazca una estrella, una nébula debe colapsar; para que nazca una mariposa, una oruga se tiene que transformar. La muerte no representa destrucción, es un nacimiento. En mis fases de despertar espiritual constantemente me tengo que enfrentar a la muerte, simbólica o literal.

La pérdida y el cambio son una parte integral de nuestra experiencia humana. Estoy segura de que has experimentado tus propios procesos a través del dolor y las dificultades. Ya sea que hayas experimentado la pérdida de un ser querido, una mala ruptura, un cambio repentino en tu carrera profesional o todas las anteriores, estas experiencias de vida pueden hacernos sentir aislados y perdidos. Incluso si no estás pasando por ninguna dificultad en este momento, la pérdida y el cambio son inevitables.

Cuando me diagnosticaron trastorno de ansiedad necesitaba un espacio designado para sanar. Un lugar donde yo estuviera segura de que nada ni nadie me podría molestar, y comencé a adecuar un rincón en mi cuarto. Este espacio sería acogedor, inspirador y muy amoroso, donde me propuse realizar diariamente mis meditaciones.

Poco a poco este espacio fue extendiéndose, llegaban a mí más y más herramientas del poder que quería integrar a mis prácticas: alguna velita que intencioné, un mandala que me regalaron, flores de temporada, la varita mágica que me eligió, la colección de cristales que iba en aumento, plumas de ave que me encontré en el camino…

En fin, este espacio se hacía más grande y hermoso. Era tal la energía pacífica que se sentía cuando llevaba a cabo mis prácticas ahí, que incluso Toña, mi compañera, una pomerania que estuvo en mi vida por 13 años, se sentaba a mi lado hasta que terminara mis meditaciones matutinas. A veces mis prácticas solo significaban sentarme frente a mi altar y ponerme a llorar, respirando conscientemente, sintiendo la emoción, sintiendo el dolor hasta llenarme de paz. Ella permanecía ahí.

Este espacio resultó altamente sanador y absolutamente necesario en mis prácticas diarias.

3. Oscuridad

10 de diciembre de 2019:

Anoche la pasé mal. Me desperté a las 3 de la mañana con ansiedad y tristeza y no pude dormir hasta horas después. Después comencé mi día sintiéndome triste y cansada (sin entenderlo), pero sabiendo que tenía que ir a trabajar y poner mi mejor cara. Así que me recluí en este espacio de mi cuarto para meditar. Aún en pijama.

Erick (mi hermano) tomó esta foto mientras estaba en plena meditación y me la enseñó después.

Lo que más ternura me dio al ver esta foto, fue ver a Toña, mi perrita, acompañándome sin hacer ruido. Después de ese momento de estar conmigo, de dejarme sentir, de no juzgar mis emociones ni lo que desconozco... me sentí mucho mejor.

Me di un baño, me maquillé y tuve una mañana preciosa, a la cual le siguieron momentos muy positivos durante mi día.

Estamos cerrando ciclos, preparándonos para iniciar otra década y todos sentimos un constante cambio.

No estamos solos.

Años después, este altar fue el espacio en el que me despedí de Toña. Tuve que tomar la decisión más difícil de mi vida.

Toña fue para mí más que una compañera animal, se convirtió en un alma maestra que me eligió y con quien viví muchos ciclos. Durante la pandemia comenzó a enfermarse, y su cuerpo estaba sufriendo mucho.

Le di tratamiento médico, sané con ella a través de meditaciones, realizamos juntas muchas alineaciones con cristales, me comuniqué con ella a través del oráculo y el tarot, pero era el momento de despedirnos en este plano. El médico nos dijo que no había más que hacer, estaba sufriendo.

Apoyada por uno de mis mejores amigos que es veterinario, con mi familia por elección y mi hermano, realizamos una ceremonia de despedida digna y amorosa en casa, donde pudimos darle las gracias por elegirnos, por ser parte de nuestras vidas, por enseñarnos y amarnos. La celebramos, la acompañamos en su transición cantando mantras, tocando cuencos, rodeados de flores, con lágrimas en los ojos y llenos de gratitud.

3. Oscuridad

Han pasado ya muchos años desde su ausencia física, y no hay día en que no la recuerde y agradezca habernos encontrado y acompañado. Mi Toña no es una oruga, es una mariposa. Y el tener esa oportunidad de despedirme y justo en un espacio donde diariamente conectábamos fue un privilegio.

Su transformación me trajo muchos regalos, y ella vive en esos regalos. Gracias a esa ceremonia de despedida me animé a realizar más para otros animalitos de compañía y sus humanos, pude acompañarlos en esa transición tan importante.

Escribo y comparto esto con mucho amor para todas las personas que han perdido a un ser querido, a las personas que están despidiéndose de este plano, a todas las personas que temen a la muerte. Todos estamos muriendo, el cuerpo físico es el que muere, pero el espiritual no. La energía no se destruye, solo se transforma.

Así que espero que en estas letras puedas encontrar esa paz, esa resignación ante el plan maestro de la existencia. Yo la he encontrado en estos espacios, en estos altares que han tenido una importancia especial y espiritual para mí. Desde aquel día procuro que todos los lugares en los que debo pasar tiempo tengan un rinconcito para seguir conectando y trabajando en mí. Incluso tengo altares portátiles, elementos más chiquitos que pongo en una cajita para cuando viajo.

CREA TU PROPIO ESPACIO MÁGICO

Los altares son un lugar que puede contener un espacio energético para ti, son un lugar de reflexión y meditación y una excelente opción para llevar a cabo rituales significativos.

Un altar es un espacio muy poderoso energéticamente que no está vinculado a una religión en particular. En él puedes anclar tu vida espiritual, y estar ahí cuando quieres hacer trabajo interior para conectar con tus deseos, intenciones, propósitos.

De acuerdo con lo que estés trabajando será lo que tengas a la vista. Puedes trabajar con las estaciones del año, los equinoccios, los solsticios o incluso los ciclos lunares. Ar-

3. Oscuridad

marlo es un proceso personal y muy creativo, no hay reglas. Los elementos que vayas a colocar deben corresponder a tu trabajo espiritual. Pueden variar en tamaño, desde un par de elementos en una mesita de noche, o una gran exhibición en un espacio designado por ti.

Entonces, ¿por dónde empiezas? No hay razón para sentirte intimidado por la idea de crear un altar. Para empezar, tu altar o espacio sagrado puede ser tan simple como una colección de algunos objetos significativos.

Es importante que consideres dos cosas muy importantes cuando decidas comenzar:

- ✧ Tu altar nunca estará terminado, por lo que no tiene que ser "perfecto", verás que llegarán a ti herramientas que irás integrando.
- ✧ Es importante modificar tu altar, limpiarlo, darle amor. Que no se quede fijo ni que se "empolve". Cada uno de los elementos significativos que integres tienen energía, si no los mueves la energía se estancará.

Herramienta mágica:
Cinco pasos para crear tu propio altar

1. **Decide cuál será el propósito de tu altar.** Aquí algunas ideas: altar de meditación, altar de metas, altar ritual, altar de temporada o ciclos... Cualquier propósito amoroso que desees funcionará.

2. **Elige un espacio que se ajuste al tema del altar.** Si estás creando un altar de meditación, querrás colocarlo en algún lugar donde tengas un silencio ininterrumpido.

3. **Selecciona tus artículos para el altar.** Encuentra elementos que te atraigan y que se ajusten al tema de tu altar, objetos que te hagan sentir bien y resuenen con el propósito de tu práctica. Si estás haciendo un altar para hacer trabajo de manifestación, investiga qué herramientas del poder resuenan con esta energía. Si estás creando un altar ritual, considera qué elementos podrías necesitar para crear tus rituales. Sugiero que lo coloques en alto, no a nivel de piso, para que no absorba esa energía. Puedes apoyarte de una

3. Oscuridad

mesita. Sobre ella coloca una tela o un mantel para delimitar el espacio. Encima ubicarás tus objetos, pueden ser fotos, cartas de tarot, imágenes que te inspiren, amuletos, flores, cristales, dinero, dulces. Lo que te haga sentido será perfecto. En lo personal, me encanta apoyarme de la energía elemental. Es decir, tener un objeto que represente a cada elemento. Cuando leí a Gabriela Herstik me resonó su manera de integrar la magia elemental a la vida, entendí que la naturaleza es multidimensional, mágica y poderosa y refleja nuestros ciclos. Si aún no sabes qué objetos poner en tu altar, comparto algunas ideas basadas en cada elemento para que te puedas inspirar a la hora de seleccionar los objetos:

- Velas (fuego): Trabajan con el deseo, la acción, la creatividad, la sexualidad, la autoestima y la motivación. Acompañan procesos de cambio y transformación.
- Plumas, sahumerio, incienso (aire): Trabajan con el mundo espiritual, la intuición y la mente, la divinidad, la expresión y la comunicación.
- Flores, cristales, plantas (tierra): Trabajan con el mundo material, la riqueza, el cuerpo físico y las necesidades terrenales.
- Copa con agua, cuenco con agua, agua de luna (agua): Trabajan con las emociones, el mundo interior, los vínculos y el mundo inconsciente.

4. **Limpia el espacio y cada uno de tus artículos con sahumerio o incienso**, date tu tiempo y conecta individualmente con ellos al colocarlos en tu altar.

5. **Comprométete a pasar un poco de tiempo cada día en tu altar.** Pasar tiempo en tu altar puede ser tan sencillo como mirarlo, prender una velita por unos momentos y hacer un par de respiraciones antes de comenzar o terminar tu día.

Recuerda que tu altar es una extensión de tu alma y variará en tamaño, estilo y apariencia. No existe una forma incorrecta de hacerlo.

PARTE II

CAPÍTULO 4

Despertar

LA EXPLORADORA ETERNA

No podía parar. El explorar mi misticismo se había vuelto adictivo. Estaba hambrienta de información nueva que rompiera mis esquemas, que me incentivara a saber más. No me malinterpreten, en esta búsqueda ofendí a muchas personas, fui burla de otras. Pero nada de eso evitó que devorara libros, que tomara todos los cursos que me llamaban.

Asistía a ceremonias, temazcales, círculos de mujeres, y entre más aprendía, más me daba cuenta de que la información siempre estuvo a la vista. En lo que me rodeaba. Aprendí a dejar de pedir disculpas por mi curiosidad expansiva y hambre de saber. Esta nueva información me hizo más sensible y pude conectar con la abundancia que habita en la madre naturaleza. Al hacerlo integraba ese aprendizaje y me veía reflejada en lo que acontecía. Entonces comencé a reconectar con mi intuición.

Nacemos intuitivos, somos intuitivos. Somos animales, este es nuestro instinto. Es algo inexplicable porque es intangible, pero no por ello inexistente. Conforme nos hacemos mayores nos vamos comprando la creencia de que la intuición no existe, que es de locos o que es tan solo un producto de nuestra imaginación.

En muchas ocasiones intuimos algo e incluso así tomamos la decisión de ignorar esa sensación. Son incontables las veces que elegimos hacerle caso a alguna otra persona o que simplemente dejamos que aquella vocecita interior se nuble y pierda fuerza por el simple deseo de pertenecer.

Cuando comencé mi despertar espiritual entendí que la intuición está conectada de manera directa con la rueda del año porque mucho de lo que ocurre afuera, en nuestro entorno, en la naturaleza, lo podemos sentir a través de nuestro cuerpo no solo físicamente sino también energéticamente.

Trabajar con la rueda del año encaja en cualquier práctica secular, religiosa o espiritual. No es necesario practicar ninguna religión en específico para poder trabajar con los ritmos de la naturaleza, y eso es lo que hace a la rueda del año tan especial. Por eso me encanta usarla como guía, y creo que por eso la elegí como primera herramienta mágica para mi proceso aquel día que compré mi primer almanaque.

¿Qué es la rueda del año?

La rueda marca el cambio de estaciones. Es la celebración de los equinoccios y solsticios. Todo en la naturaleza está in-

4. Despertar

fluenciado de acuerdo con la temporada en la que estamos. El mundo está en constante cambio y transformación, y la energía estacional nos afecta todo el tiempo. Y obvio a nosotros también nos influye a medida que las estaciones van y vienen. La energía de la naturaleza siempre nos está invitando a crecer.

Si observamos con frecuencia lo que pasa a nuestro alrededor, podemos percibir las invitaciones que recibimos para realizar un trabajo interno y personal que está entrelazado al flujo de la naturaleza: los ciclos, las migraciones, los procesos de la vida en cada uno de los seres, las huellas y la erosión en las rocas. Por ejemplo, el invierno nos invita a habitar la oscuridad, a hacer introspección, a evaluar cuáles son los frutos de nuestro trabajo, a vivir con la esperanza de que el sol regresará y todo volverá a florecer y el ciclo se repetirá.

Trabajar con la rueda nos invita a hacer de nuestra vida un ritual.

¿Qué es un ritual?

Los rituales a menudo se asocian con costumbres religiosas o culturales, pero ¿sabías que los rituales pueden ser una rutina consciente, como escribir en tu diario antes de dormir, o dar las gracias cada mañana mientras tomas tu café?

Un ritual es una serie de acciones que realizas regularmente. Pero a diferencia de los comportamientos rutinarios como cepillarse los dientes, los rituales son actos **significati-**

vos que se realizan con intención. Estos encarnan lo que te importa al poner en práctica tus valores, nos ayudan a traer lo intangible a lo tangible, para que nuestra lógica humana pueda integrar aquello en lo que estamos trabajando, aquello que necesitamos soltar, sanar o atraer.

Es reprogramar a nuestro cerebro, recordarle con objetos tangibles que estamos trabajando nuestra energía para que fluya a nuestro favor y más alto bien.

Es una invitación a acomodar nuestra energía, alinearla con la frecuencia de aquello que deseamos atraer entendiendo que lo similar atrae a lo similar. Es por eso que los objetos que usamos en rituales están cargados de simbología, y una vez que conectamos con ella, estos entran en la frecuencia y la vibración de lo que estamos trabajando para que el ritual funcione.

Los rituales son una hermosa manera de expresarnos y darle un nuevo significado a nuestra vida. Vivir en ritual es celebrar cada momento, cada ciclo. La verdadera belleza de todo es que prácticamente cualquier rutina puede convertirse en un ritual, sin importar si es de naturaleza espiritual o puramente práctica.

Su práctica profundiza nuestra conexión espiritual. Ya sea que te guste orar, cantar mantras, encender una vela o practicar la gratitud, los rituales te ayudan a honrar fuerzas más grandes que nosotros.

Cuando hagas un ritual siempre sé consciente de no interferir con la energía ajena, abordándolo desde la individualidad, es decir, no hacer rituales que involucren la energía de

4. Despertar

otras personas a menos que tengas su consentimiento. El ritual no es una herramienta que podemos usar para controlar, dañar o herir a otra persona.

¿Cómo se crea un ritual?

El primer paso es elegir lo que es importante para ti, aquello que necesitas observar, soltar, abrazar, agradecer y/o atraer. ¿Para qué deseas hacer este ritual, con qué propósito, qué quieres lograr? ¿Cómo quieres sentirte? ¿A qué aspectos de tu vida te gustaría prestar más atención?

Los rituales son más significativos cuando son elegidos por nosotros mismos en lugar de impuestos por otros. Entonces, primero tómate un momento para identificar qué valores fundamentales te gustaría poner más en práctica.

Piensa después en cómo puedes convertir esos deseos en acciones.

¿Qué medidas prácticas podrías tomar para fortalecer tu cuerpo, aumentar tu felicidad o traer más aventuras a tu vida?

El ritual debe realizarse con creatividad e intuición, puede tener un propósito como crear una mayor conciencia, liberarse, celebrar algún ciclo, atraer algo o buscar protección, pero también puede ser una razón para detenerte y bajar la velocidad, disfrutar del momento. Conecta genuinamente con tu deseo, un ritual es un acto que el inconsciente toma como si fuese un hecho real, es un acto psicomágico.

Hacer rituales no te va a regalar mágicamente lo que quieres. Su práctica es un vistazo hacia adentro para empezar a reconocer en uno todas las herramientas y todas las respuestas para lograr eso que se necesita materializar.

Estar en el momento presente es la base de los rituales. Es indispensable reconocer que lo que ocurre ahora es lo más importante, y eso nos ayuda a soltar lo que fue o no fue.

Por otro lado, es indispensable confiar en lo que estás haciendo, en que te va a aportar lo necesario para lograr lo que tú necesitas. No hay manera de equivocarte a la hora de hacer un ritual, la única manera en que un ritual no funcione es cuando haces algo que no tiene resonancia contigo que no creas que vaya a funcionar.

PRÁCTICAS PARA FORTALECER TU INTUICIÓN

La adivinación es una práctica mágica que se ha utilizado durante miles de años. Es el arte de utilizar objetos y símbolos para ayudar a canalizar e interpretar mensajes del universo. Hay muchas prácticas de adivinación, pero solo mencionaré algunas de las más populares y mis favoritas.

Antes de comenzar cualquier práctica adivinatoria te recomiendo limpiar tu espacio para eliminar cualquier energía estancada. Cuando estés listo toma una taza de té o infusión y disfruta practicándolas.

4. Despertar

Lectura de cartas

Cada practicante tiene su manera personal de leer las cartas del tarot o del oráculo. Cuando empieces a leer cartas, primero busca un mazo que te resuene y que entiendas. Cada artista tendrá su propia interpretación de las imágenes, así que tómate un tiempo para encontrar el mazo que más te llame por su diseño, ilustraciones o colores.

Una vez que hayas encontrado el mazo de tu elección, límpialo con tu incienso o sahumerio y conecta con él. Puedes tomar las cartas entre tus manos mientras haces una meditación o hacer una lectura con tus cartas para preguntarles cómo te pueden ayudar o cómo las puedes utilizar.

Ya que hayas conectado con tus cartas, puedes hacer tiradas diarias, tiradas para la luna llena y nueva u otras para cuando sientas que tienes un mensaje que canalizar.

Utilízalas de la manera que mejor te ayuden en tus rituales.

Péndulos

Los péndulos se pueden utilizar para ayudarte a contestar preguntas de "sí" o "no".

Cuando usas uno, se balancea de adelante hacia atrás, de lado a lado y en círculo. Un tablero de péndulo te puede ayudar a mostrarle al péndulo en qué dirección debe oscilar, y determinar la respuesta de acuerdo a dónde se mueva, pero en lo personal prefiero programarlo yo misma.

Primero, encuentra uno que te llame. Los péndulos vienen en una variedad de piedras, por lo que si buscas trabajar desde el amor propio un péndulo de cuarzo rosa puede ser una gran opción.

Una vez que hayas encontrado el péndulo para ti, límpialo con incienso o sahumerio, luz solar o luz de luna para eliminar la energía de cualquiera que lo haya tocado anteriormente. Después de limpiarlo, sostén el extremo del péndulo en tu mano y deja que se estabilice. Pídele al péndulo que te muestre cómo se ve el "sí" y observa cómo oscila. Puedes seguir el mismo proceso con "no" y "no estoy seguro / tal vez".

Importante, en algunos casos es posible que el universo aún no esté listo para revelarte información, por lo que el péndulo puede oscilar para indicar esa incertidumbre.

Cristales y minerales

Los cristales pueden actuar como un aliado durante tus prácticas de adivinación, ya que tienen propiedades espirituales para ayudarte a canalizar mensajes y activar tu intuición.

Hay tantas piedras para elegir, así que tómate tu tiempo, investiga sobre sus propiedades y elige aquellas que te atraigan energéticamente.

Cualquier cristal que intuyas que es beneficioso para tu práctica es el ideal, pero aquí tienes algunas de mis piedras intuitivas favoritas para ayudarte a empezar:

4. Despertar

- ✧ Amatista: transmutación, calma.
- ✧ Cuarzo transparente: sanación y purificación, ayuda a amplificar la vibración de otras piedras.
- ✧ Labradorita: activación psíquica, ayuda a interactuar con el tercer ojo.
- ✧ Lapislázuli: aumento de conciencia, sanación de la comunicación y el chakra garganta.
- ✧ Obsidiana: revelación de la verdad, absorción del dolor.
- ✧ Herkimer: acceso a la sabiduría antigua.
- ✧ Piedra luna: claridad, equilibrio de emociones, crecimiento.

CAPÍTULO 5

Transformación

LA BRUJA CÍCLICA

Cuando tenía seis años alguien me preguntó qué quería ser de grande. Yo contesté: "Quiero ser artista", la respuesta fue una carcajada, seguida de un: "Pero ¿en serio? Una profesión de verdad, puedes ser maestra como tu mamá, abogada como tu papá, dentista como tu tía. ¿Qué te gustaría?". Estaba más confundida que nunca porque no sabía poner en palabras lo que más ilusión me daba.

Hoy sé que lo que quería hacer de grande era contar historias, lo hago a través de un personaje cuando me toca actuar o cantar, a través de mis libros, cuando le pido a alguien que me cuente su historia en una entrevista, cuando guío meditaciones, cuando hablo con mis amigos.

He amado mi profesión desde que tuve mi primer trabajo a los diez años, y por mucho tiempo mi camino era construir una carrera, hacer lo que amo y vivir de eso. Fue tal el enfoque que por años pensé que eso era todo. Mi energía, mis sueños, mis aspiraciones y mis logros estaban basados en mi trabajo. No sabía dónde terminaba mi vida personal y dónde empezaba mi carrera profesional.

No lo veía como algo malo, al contrario, por mucho tiempo pensé que eso era lo que me definía, mi propósito y lo único que me hacía feliz. Volé del nido familiar a los diecinueve años con una maleta llena de sueños y aspiraciones.

La primera vez que me leí las cartas tenía veintidós años, recuerdo que la mujer que realizó mi lectura tenía una energía muy poderosa, intimidante. Yo era muy curiosa y lo que quería saber es si iba a lograr lo que me proponía, tener éxito en mi carrera. Quería que me dijera paso a paso cómo hacerlo, así que le pedí permiso de grabar la sesión para no perderme ningún detalle (hasta la fecha sigo buscándola, no recuerdo ni siquiera en qué dispositivo la grabé).

Le lectura fue en su casa, en Argentina, país en donde vivía en ese momento, ya que me había mudado por trabajo. Sacó dos mazos de cartas diferentes, y me dijo que las revolviera como quisiera. Al hacerlo un gato de color naranja me brincó al regazo. La bruja, sorprendida, me pidió disculpas, y me dijo que su gato no tenía esas conductas regularmente. Lo tomé como una señal mágica y le entregué los mazos de las cartas ya revueltos. Ella volteaba una carta tras otra, las observaba en silencio mientras yo impaciente acariciaba al gato naranja.

5. Transformación

"El amor de tu vida es tu carrera", afirmó con frialdad. "Dejaste atrás una casa rodeada de montañas, a tu familia, a tus amigos, y estás viviendo lo que siempre soñaste".

Nos miramos en silencio por unos segundos, sentía una confusión muy grande. Por primera vez me di cuenta de que eso que tanto estaba buscando ya había llegado, si bien mi carrera recién comenzaba y había mucho espacio de crecimiento y aprendizaje (aún lo hay hoy en día), sentí un vacío muy grande. "¿Eso es todo? ¿Y ya?".

"Esa es tu prioridad, seguirás creciendo y seguirás cumpliendo eso que tanto te propones".

"¿Y ya?", seguía repitiendo... no podía creerlo. Era una buena noticia, ¿no?

En ese momento me cayó el veinte. No me había planteado otro objetivo más que el profesional. Me sentía tan contenta haciendo lo que me apasionaba que olvidé el resto de mi vida. ¿Qué más quería alcanzar? ¿Quería tener una pareja, una familia? ¿Aprender algo nuevo? ¿Vivir en algún otro país? ¿Viajar, conocer? ¿Qué más había aparte del trabajo, del reconocimiento, de lo que tenía entendido como "éxito"?

La bruja seriamente me dijo: "Ahora mismo nada está claro porque tú no estás clara, lo único que tu energía me dice es que tu amor es tu profesión, entonces necesitas replantear qué otras partes de ti quieres construir. ¿Quién eres tú lejos de tu profesión?".

El resto de la sesión me entró por un oído y me salió por el otro. No retuve nada de información, estaba consternada.

No podía creer que había apagado tantos aspectos de mí y me había reducido y conformado únicamente a un sueño cuando podía tener muchas aspiraciones más.

Ese día fue la primera vez que entendí que no somos una sola cosa. Somos multidimensionales, podemos aspirar a muchos sueños, a vivir, fluir y experimentar. Somos cíclicos. Somos cambiantes.

Meses después pasó algo muy interesante. Mientras estaba trabajando sufrí una fuerte caída que me provocó una hemorragia interna que afectó mi ciática y lo único que había que hacer era estar en reposo y parar.

La vida me estaba pidiendo un alto. Y en esa soledad y quietud me hice muchas preguntas. *¿Qué quiero? ¿Qué es para mí el amor? ¿Qué es para mí el éxito? ¿Qué es para mí la felicidad? ¿Qué otras dimensiones había de Carla y cómo podía integrar a ellas mi amor por contar historias? ¿Qué más había para mí?*

Escribí mi primer libro, *Soñando despierta*, en esa cama en reposo, y ese fue el inicio de mi aventura de posibilidades. Después de cinco años de vivir en Argentina teniendo el trabajo de mis sueños, renuncié y regresé a México ilusionada y dispuesta a encontrar nuevas oportunidades. Me encontré con el rechazo.

Toqué muchas puertas, todas se me cerraban en la cara y me decían que no era suficiente. No era lo suficientemente talentosa, o lo suficientemente guapa, lo suficientemente experimentada, o lo suficientemente reconocida.

5. Transformación

Después de una sesión de reiki que me realizó una amiga muy querida, me solté a llorar desconsoladamente. "Tengo que descubrir quién soy si no estoy trabajando". Así que empezó un ciclo nuevo. El ciclo de buscar nuevos sueños.

Me enfoqué en darles vida a los personajes de *Soñando despierta* y les regalé mis miedos, mis dudas y mis anhelos. Estaba inspirada, fue mi etapa creativa y artística. A este ciclo le llamé "la vie bohème", un ciclo en el que me permití escribir, actuar, cantar, componer, divertirme, hacer nuevos amigos. Duró algunos años y después concluyó. Yo ya no cabía en esa experiencia, era como si esa etapa me quedara chiquita. Como si hubiera sido una crisálida.

Llegaron otros ciclos más, muy gratificantes, con mucho aprendizaje y crecimiento.

Tantos y tantos procesos, tantos y tantos ciclos y yo aún sigo ciclando. Sigo preguntándome: ¿quién soy?, ¿qué es para mí la felicidad?, ¿qué nuevos sueños y cuántas versiones de mí puedo construir?, ¿qué más es posible?

Es muy enriquecedor mirar atrás y abrazar los ciclos por los que he pasado, los intereses que han cambiado, las ilusiones que se han despertado gracias a esas experiencias. Incluso ha sido hermoso ver cómo ciertas personas dejaron de resonar conmigo y se quedaron en el camino, esas personas que no reconocerían la Carla que soy hoy porque es totalmente distinta a la que conocieron.

Abrazo tanto cada dimensión porque gracias a ellas estoy aquí, escribiendo esto para mi yo del futuro, quien seguramente leerá estas palabras más adelante y sentirá que esto fue en otra vida, en otra realidad.

LA BRUJA LUNAR

*Así como la luna, pasarás por fases de luz y oscuridad.
Algunos ciclos no brillarás con la misma intensidad,
y aun cuando no lo parezca, siempre estarás completa.*

Con el paso de los años logré reconocer que mis momentos de oscuridad no son una forma de vida, sino una etapa de mi existencia. No me definen.

Las temporadas de la vida hay que navegarlas. Nosotros como humanos no somos una sola cosa. Tenemos temporadas, ciclos. Estamos evolucionando todo el tiempo. Estamos transformándonos con el paso de nuestra existencia.

Nada es para siempre

Los ciclos de la vida piden ser navegados. ¿Por qué no podemos tener temporadas de oscuridad? Tenemos momentos épicos, mágicos, de creatividad máxima, y otras épocas de oscuridad. Todo está bien, hay que aprender a abrazar cada ciclo con fluidez.

Si comprendemos que la vida son altibajos vamos a soltar la exigencia de siempre "estar bien". No puedes detener las olas, pero puedes aprender a surfear. La condición de

5. Transformación

nuestra mente, la forma en la que vivimos nuestra realidad, cómo nos relacionamos con otros, está cambiando todo el tiempo. Se está modificando segundo a segundo.

Nada es eterno

Este entendimiento me invitó a abrazar mis ciclos, mis procesos, sabiendo que no deben ser violentados.

Hablemos de nuestras emociones, no hay emociones buenas ni malas. Sin embargo, somos programados desde que nacemos a invalidar algunas de ellas:

- "El llanto o la tristeza es debilidad, no la muestres"
- "Te ves fea cuando lloras"
- "El que se enoja pierde"
- "Los niños buenos no lloran"
- "Tener miedo es de cobardes"
- "Sonríe, ya no estés triste"
- "Ese golpe no es para tanto, que no te duela"

Cuanto más aprendo sobre las emociones y la conexión mente/cuerpo, más creo que parte del cuidado de nosotros mismos y de nuestra salud mental implica un procesamiento saludable de las emociones. Si no procesamos nuestras emociones y, en cambio, las guardamos dentro de nosotros o nos distraemos de ellas, puede tener no solo consecuencias emocionales como ansiedad, depresión, sino también consecuencias físicas.

Observar nuestros cambios es parte de la belleza de la vida. El trabajo lunar es una herramienta mágica poderosa que me ayuda a entender en qué fase estoy. Si seguimos la luna y aprendemos cómo aprovechar su energía, puede ayudarnos a observar nuestra vida, nuestros sueños, metas, relaciones, y puede ser una gran herramienta para ayudarnos a vivir una mejor vida. La autorreflexión puede inspirar a descubrirnos a nosotros mismos.

La luna no solo hipnotiza, sino que también hace de la Tierra un lugar habitable, ayuda a estabilizar el clima y a crear ritmos en las mareas que han guiado a los humanos durante milenios. Las mareas suben y bajan en compañía de cada una de las fases lunares. La luna pasa por las mismas ocho fases, en el mismo orden, todos los meses. Debido a que el cuerpo humano es aproximadamente un 60 por ciento agua, la atracción de la luna puede afectarnos de la misma manera cambiando las mareas de nuestros estados de ánimo e intenciones.

En astrología, la luna es el planeta encargado de cómo expresamos nuestras emociones: su complejidad, su intensidad, de cómo las percibimos en otros, si las controlamos, reprimimos o las dejamos fluir, si estas sanan rápidamente o no. La luna está asociada al yo interior, es decir a todos aquellos rasgos de nuestra personalidad que no expresamos abiertamente, que callamos, guardamos para nosotros. Incluso aquellos que negamos, por ejemplo: nuestras susceptibilidades, inseguridades, nuestra necesidad de afecto y vulnerabilidad.

5. Transformación

Existen ocho fases lunares, cuatro de ellas se consideran las "fases lunares óptimas para trabajar", se recomienda trabajar con ellas para sentirnos en conexión. Tres de estas cuatro fases lunares son asociadas con el símbolo de la Triple Diosa.

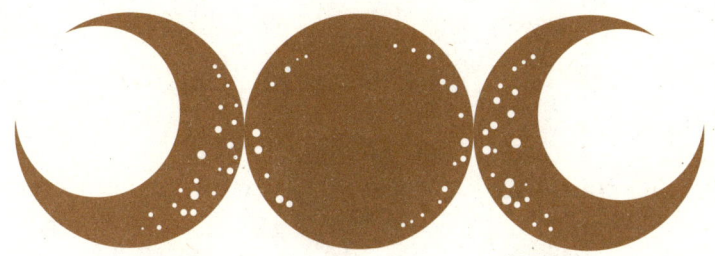

Entendiendo que somos seres cíclicos y cada mes tenemos la oportunidad de observar nuestra evolución, el símbolo de la Triple Diosa representa tres distintos ciclos: la doncella, la madre y la anciana. Las fases de la luna reflejan fases de la vida de una mujer o incluso fases de reproducción, dividiéndose en tres partes. Ahondaré en ellas en su fase lunar correspondiente.

Primero, hablaré de las fases en relación con el poder o significado que pueden otorgar a tu vida y luego acompañaré a cada fase con decretos y afirmaciones apropiadas para hacer realidad tus intenciones y deseos.

Puedes usar las fases de la luna para guiar tus acciones y pensamientos. Combinar tus intenciones, actos y afirmaciones es una fórmula poderosa para aprovechar su energía.

La luna

1. Luna nueva
2. Luna creciente
3. Primer cuarto
4. Luna menguante
5. Luna llena
6. Luna menguante
7. Último cuarto
8. Luna creciente

5. Transformación

MOON MAGIC

Fase 1: Luna Nueva

- *Activa, óptima para trabajar nuevos comienzos desde lo más puro*

Las lunas nuevas indican una época de comienzos y oportunidades. Es un buen momento para reflexionar sobre lo que te gustaría manifestar en el futuro y para soltar lo que ya no te sirve. De esta manera podrás sentirte realmente libre de aceptar lo que viene con cada nuevo comienzo sin sentirte reprimido.

- **Triple Diosa:** esta fase está asociada a La doncella

Esta joven está ansiosa por explorar todo lo que la vida le ofrece. Aún carece de conocimientos y experiencias, pero vibra en curiosidad.

La doncella se asocia con el periodo en el que aprendemos sobre espiritualidad y otros aspectos de la vida, como la sensualidad. Es un momento propicio para que la creatividad florezca y prospere. Esta etapa también representa un momento para comenzar nuevos esfuerzos, aprender sobre uno mismo y las metas que perseguimos.

- **Diosas doncellas:** Perséfone, Artemisa, Rhiannon, Freya y Diana.

- **Acciones recomendadas:** iniciar una nueva relación, buscar un nuevo trabajo, cortarte el pelo o tener un cambio de look, tener una conversación, prestar atención a las nuevas personas que entran en tu vida.
- **Mini ritual y afirmación:** enciende una vela rosa diciendo: "Les doy la bienvenida a nuevas oportunidades y experiencias. Que así sea. Así es. Hecho está".

Fase 2: Luna Creciente

✦ *Activa, óptima para reflexionar en tus intenciones y tomar acción para manifestarlas*

Después de establecer tus intenciones y decidir qué te gustaría llamar a tu vida, la luna creciente es un momento para que comiences a poner tu plan en acción. Este es el periodo perfecto para que averigües qué recursos puedes necesitar para ayudarte a alcanzar las metas que te has fijado. Tómate un tiempo para reflexionar y comienza a realizar las acciones necesarias para hacer realidad sus sueños.

- **Acciones recomendadas:** este es momento para reunir energía. Agenda esa entrevista de trabajo o toma una clase para aprender algo nuevo. Pide al universo lo que necesites.
- **Afirmación:** He trabajado por lo que tengo y lo merezco.

Fase 3: Cuarto Creciente

Retos y desafíos, comprométete con tus metas.

Fase 4: Gibosa Creciente

Luna emocional, conecta con tus sueños y deseos. Introspección.

Fase 5: Luna Llena

> ♦ *Activa, óptima para cerrar, limpiar y dejar ir*

Las lunas llenas son un momento de celebración. Es la fase para reconocer lo que tienes y lo que has podido lograr en este ciclo lunar. Son un periodo de tiempo en el que puedes conectarte con tu práctica espiritual y tu intuición. Utiliza este ciclo lunar para cargar y limpiar tus cristales, crear agua de luna para tus rituales e incluso disfrutar de un baño lunar[1] para invitar la magia de la luna a tu vida.

- **Triple Diosa:** a esta fase está asociada La madre

La madre es el momento para dominar la vida y aspectos de la personalidad. Esta parte de la Triple Diosa significa amor y

---

[1] Sentarte en contemplación bajo la luz de la luna llena y dejarte bañar por ella.

responsabilidad. En esta etapa de la vida aprendemos a amar no solo a los demás, sino también a nosotros mismos.

La madre representa poder y el aprendizaje de utilizar ese poder para manifestar positivamente.

- **Diosas madre:** Deméter, Selene, Ceres, Isis, Dani y Badb.
- **Acciones recomendadas:** acepta felicitaciones, muestra gratitud por tus logros, tómate el tiempo para disfrutar el momento, deja ir los pensamientos e ideas que no estén alineadas con tus metas. Toma un respiro, celebra. Considera lo que todavía puede necesitar trabajo.
- **Afirmación:** Soy exitoso aun cuando las cosas no salieron como esperaba.

Fase 6: Gibosa Menguante

Reflexión y aprendizaje. Aceptación, introspección.

Fase 7: Cuarto Menguante

Reevalúa tus objetivos y restablece intenciones.

Fase 8: Luna Menguante

- *Activa, óptima para trabajar en tu sabiduría*

5. Transformación

Tiempo de descanso, este ciclo te invita a renovarte y recargar energías antes de entrar a otra luna nueva y comenzar el proceso de manifestación nuevamente.

Utiliza este tiempo para nutrir tu cuerpo con alimentos sanos e infusiones de hierbas. Es un gran momento para renovar prácticas de cuidado personal y amor propio. Limpia tu hogar y crea un ambiente acogedor para relajarte.

- **Triple Diosa:** esta se asocia con La anciana

La anciana está particularmente relacionada con la sabiduría, específicamente con el poder de la aceptación: la aceptación del proceso de la vida y la muerte inevitable de cada persona, incluidos ellos mismos.

Esta diosa nos enseña que ha aprendido mucho a lo largo de su vida y está preparada para lo que vendrá después.

- **Diosas sabias o ancianas:** Hécate, Baba Yaga, Morrigan, Cailleach Bear y Kali.

- **Acciones recomendadas:** abraza la oscuridad y la tranquilidad, renuévate y prepárate para comenzar un nuevo ciclo. Comienza una nueva fase para establecer intenciones, no temas a lo desconocido.

- **Afirmación:** Soy fuerte. Soy poderoso. Estoy aquí y prosperaré.

Herramienta mágica:
Agua de luna

Hacer agua de luna es uno de mis rituales mágicos favoritos. Es muy fácil de hacer cada mes y con ella puedes aprovechar la poderosa energía manifestada en la luna llena.

¿Qué es el agua de luna?

Agua que ha sido cargada con la energía de la luna llena. Según la propuesta de Masaru Emoto, autor de *Mensajes del agua*, sabemos que el agua puede contener intenciones y energía.

Al cargar agua a la luz de la luna, le estás imprimiendo energía lunar femenina y las intenciones que manifiestas en esta fase.

Necesitarás:

✧ Un recipiente de cristal limpio y listo para llenarlo con la magia de la luz de la luna.

5. Transformación

- ✦ Agua potable para que puedas beberla.
- ✦ Cristales resistentes al agua (opcional). El agua lunar es más poderosa cuando se combina con la energía de los cristales. Ojo, investiga si tu cristal es resistente al agua, no todos lo son y puede ser dañino consumir agua con sus residuos.

Crea tu agua de luna:

1. **Reflexiona en tus intenciones.** Antes de salir al aire libre, tómate un momento para aclarar tu mente y establecer tus intenciones. ¿De qué tipo de energía quieres que se cargue? Amor, protección, abundancia... la elección es tuya.
2. **Elige tu lugar.** Encuentra un lugar tranquilo al aire libre donde tu recipiente pueda recibir el resplandor de la luna. Si no tienes acceso al exterior, puedes colocarlo en tu ventana. Si está nublado o no le pega directamente la luz, igual funciona. No porque no puedas ver la luna quiere decir que no esté ahí.
3. **Rellena el recipiente.** Vierte el agua asegurándote de no llegar hasta la parte superior. Esto deja espacio para la expansión a medida que el agua absorbe la energía de la luna.
4. **Cárgala.** Coloca el recipiente entre tus manos y haz respiraciones profundas, piensa en aquello que deseas manifestar con la certeza de que ya está su-

cediendo, eso te hará cargarla con la vibración de aquello que deseas. Deja el recipiente bajo la luz de la luna durante la noche. Si te preocupa la contaminación, puedes cubrirlo con un paño o tapa para que no le entre tierra.
5. **Recolecta al amanecer.** Agradece a la luna por su energía.

Formas de usar tu agua de luna:

1. **Limpiar y cargar.** El agua de luna es como una esponja celestial para absorber la energía negativa. Puedes usarla para limpiar y cargar tus cristales y herramientas mágicas para desterrar la energía estancada o negativa y ayudarlos a funcionar aún mejor.
2. **Bendición de tu altar.** Pon gotas sobre tu altar y visualízalo impregnado de la energía de la luna, creando un espacio sagrado y poderoso para tu magia.
3. **Meditación y visualización.** Bebe una pequeña cantidad antes de tu sesión o pon unas gotitas en tu chakra del tercer ojo y chakra del corazón para mejorar tu conexión con el reino espiritual y tu intuición.
4. **Rituales.** El agua de luna potencia tus prácticas, intégrala a cada ritual que hagas.
5. **Intenciona tus bebidas.** Coloca unas gotas en tu café o té de la mañana. Piensa en lo que deseas

5. Transformación

atraer y con tu cuchara gira a favor de las manecillas del reloj. Piensa en lo que deseas soltar y liberar y gira tu cuchara en contra de las manecillas del reloj.

6. **Baños.** Añade unas gotas de agua de luna a tu tina para disfrutar de un baño espiritualmente refrescante. Si no tienes tina puedes usar una cubeta con agua tibia y gotas de agua de luna y sumergir tus pies. Añade sales y cristales resistentes al agua.

7. **Magia de los sueños.** Coloca un frasco de agua de luna debajo de tu almohada o en tu mesita de noche para tener sueños vívidos y reveladores.

8. **Magia de plantas y jardines.** Así como nutre el espíritu, el agua de luna también puede nutrir tus plantas y jardines.

Recuerda, el agua de luna es una herramienta mágica versátil y adaptable, la clave es infundirle tus intenciones, enfocar tu energía y dejar que las vibraciones lunares hagan efecto.

CAPÍTULO 6
Sintonía

LA RUEDA DEL AÑO

Desde la Antigüedad, los ciclos de la naturaleza se han celebrado con rituales y fiestas. La gente ha estado utilizando los ciclos naturales y el ritmo de la tierra para celebrar la vida y la muerte, el inicio y el fin. Todos son ciclos y cada estación tiene los suyos para invitarnos a honrar nuestros procesos, nuestras subidas y bajadas, nuestra luz y oscuridad.

Técnicamente la rueda del año consta de ocho días festivos o sabbats, que marcan los cambios de estaciones y ciclos de la naturaleza. Las brujas celebran estas fiestas, las conectan con la madre tierra en sintonía y con su magia interior.

La rueda fue influenciada por el misticismo judeocristiano, la cábala, el antiguo Egipto, la masonería y la alquimia, entre otras fuentes. El resultado final es una mezcla de influencias celtas y germánicas.

Esta se divide en cuatro festividades mayores y cuatro festividades menores.

Las festividades mayores o festivales de tierra ocurren en fechas de alta energía relacionadas con las diferentes etapas de la cosecha: reposo, siembra, crecimiento y cosecha. El día con mayor energía de cada estación es cuando se celebran estos sabbats. Si visualizamos el año como una rueda, estos sabbats se ubican en los cuatro puntos cardinales. Este ciclo se repite todos los años, y siempre se celebran el mismo día.

Las festividades menores o festivales de fuego celebran el cambio de estaciones. Celebran los equinoccios y solsticios. Esto hace que las fechas varíen ligeramente cuando se celebran de un año a otro, ya que cambian las fechas astronómicas de solsticios y equinoccios. Esta estrecha relación entre los ciclos de la naturaleza y los eventos astronómicos genera dos ruedas diferentes del año: una para el hemisferio norte y otra para el hemisferio sur. Celebran el sabbat opuesto el mismo día porque los dos hemisferios experimentan estaciones opuestas. Esto se debe a la inclinación de la Tierra sobre su eje, lo que hace que un hemisferio esté más expuesto a los rayos del sol. Cuando el hemisferio norte se enfrenta al sol, experimentando el verano, el hemisferio sur está menos expuesto a la luz solar, experimentando el invierno, y viceversa.

6. Sintonía

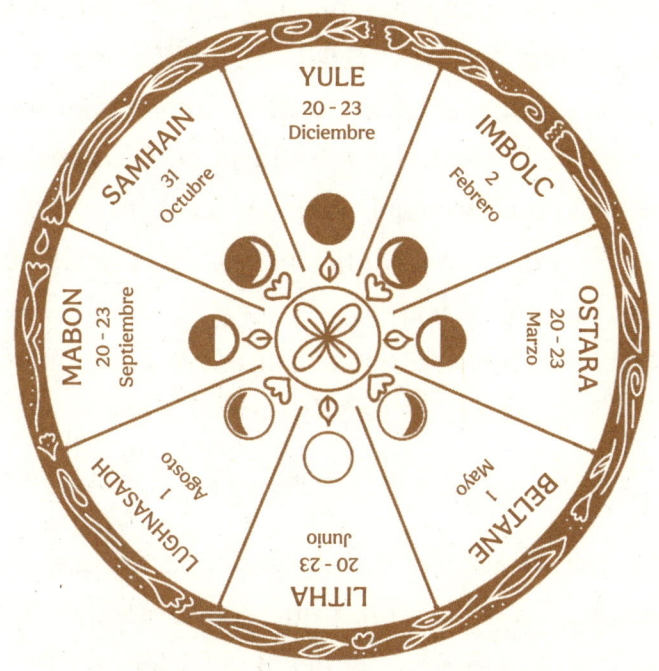

MI PROPIA RUEDA

No te dejes engañar por el calendario. Solo hay tantos días en el año como los que aprovechas. Un hombre solo aprovecha el valor de una semana en un año, mientras que otro aprovecha el valor de un año entero en una semana.
CHARLES RICHARDS

Cada persona, sin importar dónde viva o su origen, puede personalizar su rueda del año. La combinación de nuestras fechas importantes con lo que acontece a nuestro alrededor forman nuestra propia rueda del año.

Algunos pueden tener una rueda de muchos días festivos que celebran eventos celestiales, días festivos seculares y festivales religiosos, otros pueden componer su rueda de estaciones de cosecha, ciclos lunares y condiciones climáticas. Eso es lo que hace que crear y celebrar tu propia rueda única sea tan divertido. No hay reglas, excepto las que nos ponemos nosotros mismos.

En la aventura hacia un año intuitivo, cada uno recorre un camino diferente. Es parte de armar nuestro Frankenstein amoroso con lo que más resuena dentro de nosotros mismos.

Recuerdo que un par de veces recibí comentarios desafortunados de personas que estaban muy ofendidas con las festividades que he decidido celebrar. "Pero Carla, ¿por qué celebras Halloween si eres mexicana?, eso no debe ser. Tú debes celebrar el Día de Muertos y ya", "Pero Carla, qué cursi que celebres el día de San Valentín, ese solamente es un invento corporativo que incita a la compra y al materialismo".

¿Te digo algo? Nadie tiene el derecho de hacerte saber que piensa que te has equivocado al incorporar los días festivos de tu preferencia en tu calendario. Tu calendario, tus reglas. Si te hace feliz y no le haces daño a nadie, celébralo.

Es de suma importancia hacer espacio para la libertad y el placer en nuestra vida diaria, esto solo nos impactará de manera positiva.

¿Y tú qué harás con tu año?

SAMHAIN / FESTIVAL DE FUEGO
31 de octubre

Samhain celebra el comienzo del invierno y el inicio de los días más oscuros y fríos, marca el final de un ciclo y el comienzo de otro.

Tradicionalmente, los paganos solían hacer hogueras en la noche del Samhain, también intentaban comunicarse con los antepasados realizando diversos rituales.

Samhain nos pide que vayamos hacia adentro, que enfrentemos nuestra sombra y que estemos en calma con nosotros mismos. La luz y la alegría del verano han terminado y ahora es el momento de recuperar y restaurar nuestra energía para los meses oscuros que se avecinan hasta el regreso de los días más soleados y cálidos.

Esta es una época donde el velo energético entre este plano y otros es sumamente delgado, así que aprovechemos nuestra magia desde un lugar de absoluta conciencia. El final de octubre y el principio de noviembre es un momento en el que se nos da la oportunidad de profundizar en nuestro subconsciente y el aspecto de sombra de nosotros mismos.

Es una celebración de las personas que amamos, de nuestros antepasados.

Es importante recordar, honrar y celebrar la vida de nuestros ancestros.

Es un momento en el que podemos sentirnos más cerca de ellos.

Así que no le temas a la oscuridad, la oscuridad trae consigo muchos regalos; hay tesoros escondidos en las sombras.

Como es arriba es abajo, como es afuera es adentro

La magia nace en la oscuridad. Cuando mires hacia adentro no tengas miedo de mirar tus partes oscuras:

¿Qué quieren mostrarte tus sombras? ¿Qué ves si miras sin miedo la oscuridad que luchas por ocultar? Si te das oportunidad de observar amorosamente tu oscuridad, descubrirás partes de ti que necesitas dejar ir para crecer y evolucionar.

Ritual mágico: shadow work/trabajo de sombra

> *Si somos capaces de ver nuestra propia sombra y soportamos conocerla, entonces una pequeña parte del problema ya se ha resuelto: al menos hemos sacado a relucir el inconsciente personal.*
>
> CARL JUNG

Todos tenemos lados ocultos de nosotros mismos, partes que mantenemos encerradas en las sombras por miedo o por vergüenza. Partes de nosotros que negamos porque podrían ser juzgadas como "malas" y podríamos sentirnos rechazados.

6. Sintonía

Existen comportamientos dañinos que hacemos inconscientemente y ciclos tóxicos que repetimos porque algo dentro de nosotros quiere expresarse desesperadamente y necesita ser escuchado y sanado. Estos aspectos de nuestro ser viven en nuestra sombra.

El *yo sombra* es un término psicológico acuñado por Carl Jung. Aceptar cada parte de nosotros mismos, la luz y la sombra, nos permite vivir en plenitud y expresar todas las partes que nos conforman.

Nos educaron a actuar de cierta manera, a reprimirnos, y aprendimos a esconder las partes "malas" o "débiles" de nosotros para no ser rechazados.

El trabajo de sombra es una forma de introspección que requiere mirar las sombras de tu "yo inconsciente".

Ocultar nuestro *yo sombra* es sumamente doloroso. Cuando lo escondes tarde o temprano sale a la superficie de maneras que no deseas, y esto te impide alcanzar tu máximo potencial. Ignorarlo suprime partes de ti que podrían mejorar tu vida, como la pasión y la creatividad.

Tomar conciencia de tu lado "oscuro" te permite sanar viejas heridas e integrar esas partes inconscientes en tu *yo consciente* de manera saludable.

No puedes arreglar o sanar algo si no sabes qué está roto, ¿verdad? Así que iluminar y escuchar a tu *yo sombra* te permite hacer cambios para comenzar a sanar.

Te permite hablar con esa parte herida de ti y decirle que es amada y está a salvo.

¿Cómo se manifiesta tu yo sombra en tu vida?

Algunas cosas que pueden estar contenidas en tu sombra son la avaricia, la envidia, la intolerancia, el racismo, el sexismo, el egoísmo, el odio, la vergüenza, la rabia, el miedo, la rebeldía, el juicio, la violencia, el orgullo, la adicción, la ansiedad y la depresión.

Nuestra sombra se manifiesta de las siguientes maneras:

- **Criticándote y juzgándote en exceso.** Las personas que tienden a ser en exceso autocríticas y críticas con los demás necesitan hacer trabajo de sombra. Las personas con estos rasgos tienden a ser muy infelices y no saben por qué. No hay nada terriblemente "malo" en sus vidas, se satisfacen todas sus necesidades, tienen familias que los aman y, sin embargo, siempre encuentran motivos para sentirse infelices.

    No siempre son personas tóxicas, algunas de las personas más críticas que conozco son muy lindas, pero eligen las cosas más ridículas para criticar al otro, sin caer en cuenta de que lo que ven en los demás es en realidad un espejo de algo que no les gusta de ellos mismos. Las cosas que más te moles-

6. Sintonía

tan de otras personas pueden ser cosas que haces tú mismo inconscientemente o algo que vive en tu sombra y que no estás reconociendo.

Esto sucede porque una parte de ti se refleja en otras personas y no te gusta ver esa parte fea de ti en el espejo. Cuando piensas que estás criticando o juzgando a los demás, en realidad ese juicio está dirigido a ti mismo. Puedes destrozarte por los más mínimos errores. Y en este punto tiendes a desarrollar ansiedad, depresión, trastornos alimenticios y otras enfermedades mentales o problemas de autoestima que provienen de un sentimiento profundo de no ser suficiente o de estar "equivocado".

- **Conducta tóxica.** Todos repetimos ciclos de comportamiento que heredamos o que observamos de nuestros padres. Si tenemos suerte, heredamos buenos patrones de comportamiento, pero a veces adquirimos comportamientos no tan buenos.

Si alguna vez has notado que las mismas situaciones se repiten una y otra vez en tu vida, es porque tu sombra está tratando de expresar algo, y hasta que lo enfrentes, el mismo patrón seguirá desarrollándose en tu vida. Básicamente te vas a seguir topando con el mismo monstruo, pero con diferente máscara. Esto puede manifestarse de muchas formas con comportamientos autodestructivos o comportamientos que afectan a otros.

Cuando estamos vibrando desde la toxicidad, inconscientemente hacemos cosas para sabotear nuestras relaciones repitiendo el comportamiento que vimos hacer a nuestros padres o haciendo cosas sin razón que hacen que terminemos con nuestras relaciones para evitar sentirnos vulnerables. Si no escuchamos a nuestra sombra, seguiremos atrayendo a personas equivocadas, manipuladoras y abusivas. Si no observamos nuestra oscuridad puede ser que nos cueste mantener un trabajo o ser un adulto responsable.

- **Proyecciones.** Cuando te escondes de tu *yo sombra* puedes proyectarte en otras personas. Puedes acusar a alguien de hablar a tus espaldas cuando en realidad eres tú quien lo hace. Puedes suponer que alguien hizo algo por maldad.

    Proyectamos nuestro *yo sombra* en los demás cuando no estamos dispuestos a asumir la responsabilidad de nuestros propios demonios. Un ejemplo típico son las personas que acusan a sus parejas de ser infieles cuando en realidad ellas son las que están mintiendo. ¿Has escuchado la frase "El león cree que todos son de su condición"? Bueno... algo así. Cuando manipulamos al otro conscientemente puede ser por la falta de voluntad para lidiar con nuestra propia culpa y vergüenza.

- **Conciencia plena.** Nos permite observar nuestros pensamientos, creencias y acciones. Así es posible reconocer cuando nuestra sombra quiera manifestarse y lidiar con ella de una forma saludable y amorosa, y que no se desate como un niño berrinchudo.
- **Sanación emocional.** El trabajo de sombra nos permite comenzar a sanar viejas heridas que escondimos.

  Al reconocer un trauma del pasado le das espacio para respirar en lugar de guardarlo en tu mente inconsciente o en tu sombra, tienes la oportunidad de sanar y seguir adelante para llevar una vida emocionalmente estable.
- **Confianza en ti.** Conocerte te permite ser dueño de quién eres. Es necesario aprender a decir: "Sí, tengo defectos, pero conozco mis debilidades y puedo trabajar en ellas en lugar de que trabajen en mi contra". Esta es una herramienta para seguir adelante de manera asertiva.
- **Mejores relaciones.** Tendemos a atraer e interiorizar todo lo que vemos. A medida que crecemos, las relaciones de las cuales nos rodeamos tienen un impacto en nosotros.

  Si creciste en un hogar con muchas peleas o infelicidad, eso habrá dejado una marca en tu sombra. Reconocer el trauma de tus relaciones al observar tu oscuridad puede ayudarte a romper los ciclos tóxicos y mejorar tus relaciones.

- **Mejora tu salud.** Cargar con el peso de una sombra y no querer observarla es como arrastrar cadenas, afecta tu salud física causando dolores crónicos, ansiedad, ataques de pánico, sistema inmunológico débil, problemas para dormir y más.
- **Pone fin al autosabotaje.** Cuando empieces a observar tu sombra reconocerás tus patrones y podrás poner fin a los ciclos de autosabotaje en tu desarrollo personal, carrera, relaciones, finanzas y la forma en que te presentas a ti mismo y al mundo.
- **Te impulsa a ser tu verdadero yo.** Realmente no puedes ser tu *yo* auténtico si estás ocultando una parte de ti, incluso inconscientemente. Cuando abrazas tu sombra puedes ser auténtico honrando cada parte de ti, incluidos tus "defectos".

¿Cómo hacer trabajo de sombra?

Primero que nada es importante decir que no podrás resolver todas tus sombras en un día, una semana o un mes. Tuvieron que haber pasado años para que todas tus sombras se acumularan, así que tomará tiempo superarlas, y justo cuando creas que terminaste, es probable que encuentres una nueva sombra, y otra y otra. Y eso está bien, siempre estamos creciendo y aprendiendo. A veces necesitamos una nueva experiencia para darnos cuenta de algo que no vimos antes.

6. Sintonía

Sé paciente contigo mismo y con tu proceso. Elige una sombra en la que quieras trabajar, y ya que hayas sanado ese proceso, continúa con la siguiente. Con el tiempo, mirarás hacia atrás y te darás cuenta de tu avance.

Maneras de trabajar tu sombra

- **Comprométete a ir hacia adentro.** A la gente no le gusta mirar en su interior. No le gusta cuestionar sus creencias y comportamientos y mucho menos preguntarse por qué piensan y actúan de la manera en la que lo hacen. Esto sucede por miedo a encontrar algo que los asuste o los avergüence, y las personas generalmente evitan esos sentimientos.
- **Observa cómo reaccionan tus emociones.** Lo más probable es que te provoquen algunas cosas que hacen otros porque son partes no expresadas de ti. "Lo que nos choca, nos checa", sentimos enojo o vergüenza cuando nos vemos reflejados en otras personas.

Herramienta mágica:
Mi journal mágico

- Piensa si hay alguna persona con quien tengas un conflicto actualmente.
- Haz una lista de las actitudes que te molesten de esa persona o la dinámica que tienes con ella.

_____
_____
_____
_____
_____
_____

- Revisa esa lista y ve si hay algo con lo que te identifiques. Si tu primera reacción es la negación, revisa otra vez. Cuando notes que te sientes enojado por un comportamiento en particular, cuestiónate:

6. Sintonía

- ¿Qué estoy sintiendo realmente?
- ¿Hay otras emociones ligadas a este sentimiento?
- ¿Esto me recuerda a una persona o evento de mi pasado?
- ¿Puedo identificar la verdadera raíz de este sentimiento?

Es posible que no puedas responder estas preguntas de inmediato, pero con el tiempo te llegarán.

Esto también puede manifestarse a través de los celos. Cuando observas a alguien que parece tener aquello que quieres y sientes que emociones como el odio te invaden, es importante hacer introspección y así descubrir por qué te choca que alguien sea feliz. Aquí algunos consejos:

- **Sé honesto.** Una vez que comiences el trabajo de sombra, debes ser muy honesto en cuanto a dónde te encuentras emocionalmente, sin importar lo difícil que sea admitir que puedes estar equivocado en algo. Si encuentras algo que no te gusta en tu sombra y lo escondes aún más en la oscuridad en lugar de lidiar con eso, solo te estás lastimando a ti mismo.
- **Perdona.** El perdón no va necesariamente dirigido hacia la persona que te hizo daño, puede ser que en ocasiones sea solo para ti. Existe la posibilidad de que tengas heridas profundas en la sombra que se hayan

vuelto una gran carga en tu pecho. Este peso te lleva a actuar inconscientemente de manera negativa.

El perdón es una herramienta de trabajo de sombra que nos permite deshacernos de aquel peso. Nos permite sentirnos mejor y eliminar algo de ese dolor que nos aflige. No se trata de cambiar la situación exterior, sino de cambiar la interior.

Una práctica de perdón que puedes realizar es el Ho'oponopono, una antigua oración hawaiana que ayuda a reparar una situación o relación. El mantra es "Lo siento, perdóname, te amo, gracias". Cuando la repitas, piensa en la persona con la que te sientes en conflicto. Hay veces que quizá esa persona podrías ser tú mismo. También hay veces que más bien es una situación la que requiere tu perdón, si es el caso piensa en ella cuando la repitas. Para ambas opciones deja que esos sentimientos afloren y repite el mantra hasta que te sientas tranquilo y en paz.

Sí, es verdad que realizar el trabajo de sombra puede resultar un tanto difícil o incómodo porque te hace conectarte contigo mismo y sincerarte sobre características o hechos pasados. Acepta esa incomodidad y trabaja a través de ella. Si te escondes de ella, volverá otro día.

- **Identifica tus creencias limitantes.** Tu sombra contiene todas tus creencias limitantes.

6. Sintonía

Recuerda que las creencias limitantes son aquellas creencias que tienes, sobre ti mismo o sobre la forma en que funciona el mundo, y que te impiden avanzar.

Es importante evaluar las diferentes áreas de tu vida, pero para no sentir que es un ejercicio difícil, te recomiendo comenzar por aquella en la que te sientas atorado e identifiques las creencias limitantes a su alrededor.

- **Practica la conciencia plena.** Ser consciente de tus pensamientos es una parte importante del trabajo de sombra porque te ayuda a notar el diálogo que mantienes internamente contigo desde la perspectiva de un espectador en lugar de alguien involucrado en este mismo.

Cuando tus pensamientos están vibrando bajo —es decir, desde el miedo—, puedes simplemente observarlos sin dejar que tomen el control. La meditación es una herramienta increíble para aprender a ser consciente.

Escribir tus pensamientos y sentimientos es una gran manera para que tu sombra se exprese. Cuando te sientas ansioso o asustado puedes escribirlo todo y luego buscar las creencias limitantes que hay que cambiar o una situación que necesites perdonar, y de ahí... hacer todo el trabajo que necesites para resolverlo.

Intenta escribir una carta a aquella parte de ti que necesitas sanar. Esta puede ser una versión más joven de ti mismo a la que le faltó amor o cuidado, que experimentó abandono o acoso o que tiene algún tipo de herida. Dile a esta versión de ti mismo cuánto la amas, lo valiosa que es y lo mucho que lamentas que haya sufrido. Recuérdale que ahora ya está bien y a salvo.

6. Sintonía

YULE/EQUINOCCIO DE INVIERNO
20-23 de diciembre

El equinoccio de invierno celebra la noche más larga del año. Es un periodo que nos invita a abrazar nuestra oscuridad con la certeza de que pronto regresará la luz a nuestra vida. Yule representa la paradoja de la muerte y el renacer del sol, celebra la oscuridad antes del amanecer.

Uno de los temas en los que hay que trabajar en esta época son los finales, abrazar los cierres de ciclos y deshacernos de cosas que no son para nuestro más alto bien.

Yule es la fiesta de la fe y la esperanza. El sol parece más lejano que nunca en esta temporada, pero la energía nos invita a tener fe en que la luz regresará. Medita en este pensamiento mientras evalúas tu vida. Concéntrate en despojarte de aquello que ya no te sirve. Barre los escombros para darle espacio a un suelo fértil en el que las semillas futuras echarán raíces.

Como es arriba es abajo, como es afuera es adentro

En la Antigüedad el invierno era una época de alta vulnerabilidad, no existían la electricidad ni muchas de las comodidades con las que contamos hoy en día, por lo que nuestros antepasados tenían que abastecerse de alimento y resguardarse del frío en la oscuridad para sobrevivir.

¿Qué me dice esto hoy en día?

En la noche más larga del año la energía nos invita a la introspección. Descansar, contemplar, reevaluar nuestra vida y los caminos que nos gustaría tomar son todas acciones importantes en esta fecha. Hay que saber reconocer que hasta en el momento más oscuro, cada día traerá más calidez y luz. El sol volverá a salir trayendo consigo esperanza y alegría.

Ritual mágico: enciende el tronco de Yule

La tradición del tronco

Un tronco de Yule es una antigua tradición a manera de ritual que consiste en colocar un tronco grande o un árbol entero en el interior del hogar. ¿Te suena familiar?

Elegir el árbol para el tronco de Yule era algo familiar, todos se unían para encontrar y cosechar el árbol perfecto.

El árbol que cosechaban tenía que ser regalado o cortado de su propia tierra. Se consideraba de mala suerte comprar el árbol. Las familias decoraban los troncos con piñas, hiedra, acebo o árboles de hoja perenne (que representaban nueva vida). Colocaban el enorme tronco en su hogar en la noche del solsticio de invierno para dar la bienvenida al regreso del sol, traer abundancia y honrar a varios dioses. Con el paso del tiempo, el tronco de Yule se ha decorado a manera de ritual. Seguro la imagen te es familiar y no sabías de dónde venía esta tradición. La quema del tronco de Yule simboliza la transición de la oscuridad hacia la luz.

Enciende tu tronco de Yule

¿Qué necesitarás?

- Velas cónicas de color rojo, verde y blanco
- Tronco de madera
- Ramas y hojas para decorar
- Pistola de silicona

¿Qué tipo de madera debo usar?

Cada tipo de árbol es único y puede simbolizar diferentes intenciones. Aquí hay algunas ideas para comenzar:

- ✧ Abedul: fertilidad, creatividad, limpieza y nuevos comienzos
- ✧ Álamo: vence tus miedos, adivinación, conocimiento espiritual y percepción
- ✧ Roble: intelecto, liderazgo, seguridad, resiliencia, resistencia y sabiduría
- ✧ Pino: éxito, bienestar, alegría, emoción y despertares espirituales
- ✧ Fresno: riqueza, prosperidad, transiciones, crecimiento, paz y fortaleza
- ✧ Acebo: protección, experiencia, análisis
- ✧ Sauce: equilibrio, intuición, sentimientos y emociones
- ✧ Tejo: ancestros, historia, transiciones, cierre de ciclos
- ✧ Serbal: defensa, control de las propias acciones, crecimiento
- ✧ Aliso: guía espiritual, creatividad, elecciones y protección
- ✧ Avellano: conocimiento, inspiración, creatividad

¿Qué puedo usar para decorar?

Puedes agregar lo que quieras, activa tu creatividad y pon atención a lo que necesitas. Aquí hay algunas ideas y sus correspondencias:

- ✧ Palitos de canela: buena suerte
- ✧ Lavanda: felicidad, suerte y paz
- ✧ Naranjas secas: simbolizan el sol y el cambio de la oscuridad a la luz

6. Sintonía

- Hiedra: sanación, amor, protección y ciclos
- Granadas: abundancia
- Nubes: pureza, inocencia y amor
- Clavo: protección y claridad
- Anís estrella: buena suerte, purificación y habilidades psíquicas
- Piñas: prosperidad y protección
- Romero: limpia la negatividad
- Muérdago: sanación y fertilidad

Nota: las flores, hierbas, verduras y frutas secas son muy inflamables. Ten mucho cuidado. ¡No queremos que se incendie toda la casa!

Instrucciones:

- Elige el tronco de tu preferencia (puntos extra si lo haces en familia).
- Taladra tres agujeros para colocar las velas.
- Decóralo.
- Puedes usar tu tronco como centro de mesa durante todo el solsticio de invierno y luego quemarlo en una chimenea o fogata al aire libre.
- Al hacerlo, visualiza todo aquello de lo que te quieres despedir, deja que el fuego transforme en posibilidades todo aquello que no fue.
- Cuando se haya quemado por completo agradece y visualízate receptivo, ya tienes espacio libre para que lleguen tus sueños y metas.

IMBOLC/FESTIVAL DE FUEGO
2 de febrero

Celebra el punto medio entre el solsticio de invierno y el equinoccio de primavera. En esta época del año nuevas flores comienzan a brotar de la tierra, esto representa nuevos comienzos y el nacimiento de nuevas ideas.

En este ciclo las noches aún son largas y frías, pero Imbolc anuncia el regreso de la luz después de la oscuridad del invierno. Se cree que la palabra *Imbolc* proviene de un antiguo concepto irlandés que significa "en el ombligo". Otras interpretaciones dicen que se derivó de palabras que significan "brotación", "limpieza" o "leche de oveja".

Como es arriba es abajo, como es afuera es adentro

Imbolc es un momento de renovación. A medida que gira la rueda del año y muchos animales salen de su hibernación, nosotros también comenzamos a emerger de la oscuridad del invierno calentándonos con el sol. Esta energía fresca de la primavera nos invita a comenzar a hacer planes para el próximo año, comenzar proyectos. Por eso, Imbolc también está ligado al concepto de creatividad.

Esta es también la época del año en la que eliminamos lo viejo para dejar espacio a lo nuevo, con la tradición de la "limpieza de primavera" muchas personas también se enfocan en su salud y bienestar, comprometiéndose con hábitos más saludables.

El significado espiritual de Imbolc

Imbolc es un festival del fuego y también está conectado con el calor del hogar. Y es por eso que la diosa de Imbolc es la diosa celta del fuego Brigid, diosa del hogar, de la creatividad, de la inspiración, la sanación, el nacimiento y los nuevos comienzos.

La diosa Brigid es la personificación de los primeros movimientos de nueva vida y el espíritu de Imbolc. Ella nos ayuda a crear nuevas formas de ser en la vida y a nutrirlas y cuidarlas a medida que florecen.

Como diosa del fuego, Brigid está asociada con tres fuegos diferentes: el fuego del hogar: que protege a la familia, el fuego del caldero: que aviva la creatividad, y el fuego en nuestros propios corazones: que representa el amor, la sanación y la inspiración.

Recomendaciones para esta época

- ✧ **Ve lento.** No hay prisa por ponerse en movimiento. Todavía son días de descanso y sueño.

  Estamos en la temporada de quietud, de no hacer nada. Si bien nuestro espíritu comenzará a sentirse más activo en las próximas semanas, asegúrate de continuar priorizando el descanso donde puedas. Este sigue siendo el trabajo más importante.

- **Duerme, sobre todo sueña.** En invierno soñamos con las cosas que vendrán en el próximo año. Al permitirte soñar descubrirás nuevas ideas emocionantes, nuevos planes, nuevas direcciones para tu vida: tus sueños de invierno se convertirán en las semillas que plantarás en las próximas temporadas.

Asegúrate de darte un tiempo significativo para explorar tus sueños:

¿Cuáles son mis tres más grandes sueños?

_____

_____

_____

_____

_____

_____

- **Celebra las pequeñas chispas de nueva vida que se despiertan dentro de ti.** Todavía no puedes verlo, pero una nueva vida está creándose dentro de ti. Esta nueva vida tiene el potencial de convertirse en cualquier cosa que puedas soñar.

6. Sintonía

Incluso si no puedes visualizarlo confía en que la energía natural está trabajando dentro de ti.

¿Cuáles son los tres proyectos importantes que estoy creando en este momento?

_____
_____
_____
_____
_____
_____

✧ **Aprende a navegar la incertidumbre y la incomodidad.** A medida que se gesta una nueva vida nos vemos obligados a estirarnos y expandirnos, y esto puede dolernos un poquito. El cambio significativo es difícil. Requiere que dejemos lo familiar y cómodo, abandonando las formas de hacer las cosas que se sentían seguras y fáciles. Tenemos que sentir el miedo y la incertidumbre que conlleva hacer algo nuevo. Tenemos que dejarnos estar en la incomodidad.

¿Cuáles son mis tres más grandes miedos?, ¿qué es lo peor que podría pasar?

_____
_____
_____
_____
_____
_____

¿Tengo la certeza absoluta de que estos miedos se pueden hacer realidad, o solo es una proyección?

_____
_____
_____
_____
_____
_____

¿De qué manera puedo conectar con el valor para dejar lo que es cómodo y atreverme a vivir la vida de mis sueños?

_____
_____

6. Sintonía

_____
_____
_____
_____

Ritual mágico: la luz que habita en mí

¿Qué necesitarás?

- 4 pequeñas velas blancas
- Cerillos

Realiza este ritual en tu espacio favorito. Procura que nada ni nadie te moleste. Pon música tranquila que te haga conectar con el presente. Aquí los pasos:

- Enciende algún incienso o sahumerio y con su humo recorre todo tu cuerpo, desde los pies hasta tu coronilla. Después limpia tu espacio con él.
- Enciende la primera vela y repite: "Aunque todavía estamos en invierno, hay nueva vida gestándose en la oscuridad".
- Enciende la segunda vela y repite: "Llamo a la luz y al fuego del sol naciente. Invoco su poder para generar nueva vida en lo profundo de la oscuridad".

- Enciende la tercera vela y repite: "El fuego, la sabiduría, la inspiración y la nueva vida siempre crecerán, al igual que las primeras flores de primavera que brotan en la oscuridad".
- Finalmente, enciende la última vela. Mientras lo haces, visualiza las cuatro llamas uniéndose como una sola. A medida que la luz aumenta, percibe cómo la energía crece en un brillo purificador. Repite: "Invoco a estas llamas para que me limpien y purifiquen conforme avanzo hacia el momento de la nueva vida que se manifiesta. Fuego del hogar, resplandor del sol, lléname con tu brillante luz".

Tómate unos momentos y medita a la luz de tus velas. Reflexiona en este momento de sanación, inspiración y purificación.

¿Qué necesito sanar en este momento?

_____
_____

¿Qué parte de mí se siente estancada por falta de inspiración?

_____
_____

¿Hay alguna parte de mi vida que me parezca tóxica o contaminada?

_____
_____

Visualiza la luz cómo una energía cálida y envolvente que sana tus dolencias, encendiendo la chispa de la creatividad y purificando aquello que está dañado.

OSTARA/EQUINOCCIO DE PRIMAVERA
20-23 de marzo

Este sabbat marca el día en que la oscuridad y la luz están en equilibrio. En el primer día de la primavera, el día y la noche duran lo mismo. Después de Ostara, tendremos más luz cada día y menos oscuridad a medida que nos acercamos al pico del sol en el solsticio de verano, la tierra comenzará a calentarse y a ser más fértil cada día. Ostara es un tiempo de nueva vida, fertilidad, equilibrio y armonía, nacimiento, manifestación, inocencia y asombro; es el comienzo de una nueva temporada, un nuevo capítulo, un nuevo comienzo.

Como es arriba es abajo, como es afuera es adentro

El camino de la bruja

La madre naturaleza está despertando y ya podemos sentir su regreso, lo vemos con todo lo que está floreciendo en la naturaleza, nos lo recuerdan las jacarandas. Esta es una época para reflexionar en la dualidad de la vida: luz y oscuridad, vida y muerte... siempre hay equilibrio.

Ostara es la temporada de la fertilidad, es una celebración de la habilidad de la vida de renacer desde las cenizas. La energía de esta temporada te invita a reflexionar: ¿cómo estás floreciendo tú?

En esta época puedes sembrar nuevas intenciones. Es momento de entender que, así como la tierra, nosotros también estamos renaciendo y transformándonos. Es ahora cuando comenzaremos a florecer, después de meses de estar enfocados en nuestro interior.

La energía de la primavera impulsará nuestro crecimiento a medida que los días se alargan y el sol se vuelve más cálido. En esta época del año sentiremos la llegada de nuevas ideas, nos sentiremos inspirados y emocionados de probar cosas nuevas.

¿Qué semillas voy a plantar? ¿Dónde quiero enfocar mi energía?

_____

_____

_____

6. Sintonía

¿Qué quiero cuidar y cosechar?

_____

_____

_____

¿Qué necesita mi cuerpo y espíritu para apoyar el crecimiento monumental que se avecina en las próximas semanas y meses?

_____

_____

_____

Ritual mágico: altar de Ostara

Crear un altar es una hermosa manera de honrar cualquier festividad basada en la naturaleza. Deja que la creación de tu altar sea intuitiva: ¿qué significa Ostara para ti y qué símbolos puedes colocar en tu altar para representar ese significado personal?

Dicho esto, aquí hay algunas sugerencias de elementos que puedes poner en tu altar para inspirar tu creatividad y fertilidad. Recuerda, la fertilidad no se trata solo de dar a luz a bebés, sino de la energía de la creación.

- Flores frescas
- Cascarones de huevo
- Velas de colores pastel
- Dibujos o fotografías de diosas de la fertilidad, sugerencias: Brigid o Deméter
- Imágenes de conejos
- La carta del Sol del Tarot
- La carta de los Amantes del Tarot
- Cristales como: la aventurina verde, el ágata musgosa, amatista, aguamarina, cuarzo rosa y cuarzo cristal

Puedes ritualizar la creación de tu altar reuniendo tus elementos con atención y tomándote un tiempo para meditar antes de armar tu altar. Mientras colocas cada objeto en tu altar, siente la energía de Ostara moviéndose a través de tu cuerpo y tu espacio, brindándote renovación, fertilidad y armonía.

BELTANE/FESTIVAL DE FUEGO
30 de abril-1º de mayo

Beltane, que significa "buen fuego", es una celebración de la tierra y la naturaleza y marca el inicio de la temporada de siembra tradicional. En la Antigüedad, los granjeros encendían hogueras por la noche y paseaban a su ganado entre las llamas para garantizar protección y fertilidad para la próxima temporada. Se creía que esto aseguraba la protección contra daños y aumentaba la fertilidad del rebaño. Las puertas, las

6. Sintonía

ventanas e incluso el ganado se decoraban con flores amarillas durante esta celebración.

La palabra *beltane* proviene del celta Baal o Bel, que significa "brillante". Esta celebración es especialmente conocida por las flores. Los celebrantes hacen coronas y se adornan a sí mismos, a sus casas y a sus seres queridos con ellas. Las flores blancas, rojas, amarillas y naranjas son perfectas para celebrar la fuerza del sol y la llegada del verano. La avena, el vino y los lácteos son alimentos asociados con Beltane, así que come algunas galletas de avena o bebe un poco de vino o leche de avena. Los colores asociados con Beltane son el verde, el plateado, el rojo, y el amarillo. La malaquita, la cornalina, el cuarzo rosa y el granate son cristales excelentes para celebrar esta época.

Este sabbat también está asociado con el romance y el sexo sagrado. Beltane se considera a menudo como la época del año en la que dioses y diosas se reúnen para copular y casarse, por lo que puede asociarse con bodas, amor, lujuria y nuevas uniones. Así que, tradicionalmente, Beltane era una celebración de la fertilidad. Sin embargo, si no tienes bebés en mente, ¡está bien! Beltane es un buen momento para centrarse en la creatividad y la prosperidad.

Quizá hayas estado planeando iniciar un negocio; Beltane es el momento de concertar una cita con el banco y ver la financiación. O quizá has estado escribiendo un libro y ahora es el momento de comunicarte con los editores o encontrar apoyo. Beltane, con su promesa de la próxima cosecha y la fructificación, es un momento para la acción y la confianza.

Como es arriba es abajo, como es afuera es adentro

Tradicionalmente asociadas con la fertilidad y la sexualidad, las celebraciones modernas de Beltane son una oportunidad para tomarnos un tiempo, dar gracias a la tierra por su generosidad y bendiciones y establecer intenciones para la próxima temporada de cosecha.

Como todas las celebraciones sabáticas de la rueda del año, Beltane es un momento para hacer fiestas y festejar. La gente escribe un deseo en un listón y lo ata a un árbol, con la esperanza de que los dioses lo concedan. Se creía que los árboles de espino, fresno, y sicomoro eran los mejores árboles para pedir deseos.

Si la naturaleza nos está invitando a la fertilidad, entonces es momento de pensar ¿qué estás gestando?, ¿qué proyectos te gustaría al fin emprender?, ¿qué pasaría si tú supieras que eso que deseas ya está en movimiento y pronto nacerá?

Esta festividad celta que nos invita a celebrar nuestro fuego interior y no pedir disculpas por nuestra sensualidad y sexualidad. Cuando nuestra energía femenina, Yin, está bloqueada o suprimida, nos sentimos desconectados y vacíos por dentro. Las personas que nos rodean nos perciben aburridos y tensos; perdemos nuestro sentido del yo, así como la relación auténtica con el mundo exterior. Sin embargo, cuando nuestra energía femenina está trabajando en armonía con la contraparte masculina, nos abrazamos con alegría a nosotros mismos y al mundo que nos rodea. Estamos rejuvenecidos y renovados. Podemos florecer exactamente desde donde estamos. Llevamos una vida más equilibrada. Somos sinceros con lo que somos.

Ritual mágico: mini palo de mayo

Quizá el ritual más famoso de Beltane sea el palo de mayo, un poste pintado, decorado con flores y otros adornos relacionados con la naturaleza. En el ritual se baila a su alrededor sosteniendo listones. El palo simboliza el eje del mundo y, por lo tanto, el cambio de estaciones.

Crear tu mini palo de mayo es una alternativa perfecta si no puedes reunirte con otros y celebrar bailando.

Formas creativas de usar tu mini palo de mayo

- Úsalo como "varita" para dirigir la energía en tus rituales de Beltane.
- Clávalo en tu jardín para bendecir la siembra de primavera.
- Úsalo como herramienta del poder y decoración de tu altar estacional.

Necesitarás:

- 1 palo de madera
- Flores decorativas

- 6 listones de colores
- 1 pin de plástico
- Pistola de silicona

Pasos para hacer un mini palo de mayo

- Dobla cada listón por la mitad sobre la parte superior del palo. Apílalos uno encima del otro en forma transversal.
- Pega cada uno de los listones con silicona y al terminar clávalos con el pin de plástico para sujetarlos mejor.
- Pega con silicona encima del pin de plástico las flores decorativas.

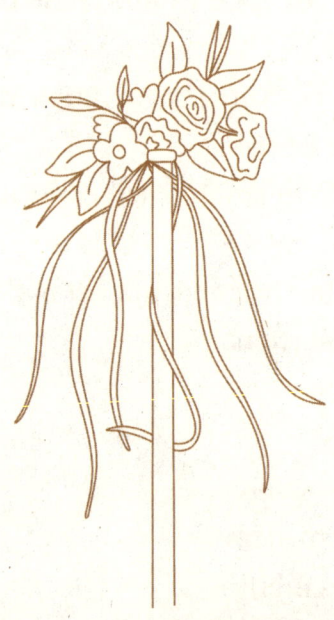

LITHA / SOLSTICIO DE VERANO
20-23 de junio

También conocido como solsticio de verano, Litha se celebra en el día más largo del año. Es un festival del fuego en el que celebramos al sol y al mismo tiempo recordamos que se acercan días más oscuros. Por este último motivo, debemos estar atentos a cosechar lo que sembramos y disfrutar de nuestros frutos.

Este es un momento de paz, un momento que se asocia con reuniones familiares. Sin duda es la oportunidad para organizar los asados, picnics y otras celebraciones al aire libre para festejar lo que nuestro esfuerzo ha producido. Es una época de celebración, el sol está brillante y majestuoso, lleno de pasión. Litha es símbolo de luz, amor, felicidad, calor y el poder del sol. Que el verano esté en su plenitud implica menos descanso y más acción. Se nos invita a bailar, cantar, reír y divertirnos.

Como es arriba es abajo, como es afuera es adentro

Su asociación con los agricultores que esperan el momento de la cosecha es un recordatorio de que todo llega a su fin, así que debemos soltar el pasado o cosas que ya no nos sirven.

Celebramos Litha porque debemos abrazar los días luminosos antes de que escaseen. Si no celebramos nuestra abundancia, nuestra fertilidad y nuestro éxito, los días más oscuros se volverán aún más sombríos e insoportables.

Ideas para celebrar el solsticio de verano:

- **Actividad al aire libre.** Un paseo en bicicleta solo o acompañado, un descanso sobre la arena en la playa, un picnic rodeado de flores o un paseo en la montaña entre árboles son actividades ideales a las cuales dedicarles tiempo.

    Lo que sea que hagas asegúrate de salir y hacer algo bajo el sol. Es importante que mientras lo hagas estés consciente de cómo te hace sentir que sus rayos toquen tu piel.

- **Decora tu altar.** Aprovechando que quizá hayas seguido el consejo anterior y hayas salido de casa para disfrutar un momento al aire libre, recolecta algunas piezas de la naturaleza para decorar tu altar.

    Los girasoles, la menta, la albahaca, la lavanda y la salvia son hierbas y flores maravillosas que resuenan con esta festividad. Trata de recolectar solo cosas que ya se hayan caído de las plantas o de plantar algo nuevo si cosechas algo de una planta viva.

    Además de esta naturaleza, busca telas y cintas de colores cítricos y brillantes que te sirvan para cubrir tu altar. Busca utilizar velas de estos mismos colores y enciéndelas para crear un espacio armónico.

    ¿Ya conoces los cristales de Litha? Son piedras de alta energía como citrino, granate y cornalina. Puedes cargarlos durante el día a la luz del sol y después colocarlos en tu altar. Todo esto hará que tu altar no solo se vea bello, sino que también tenga la energía adecuada para honrar sus intenciones y lo aprovechado de la tierra.

✦ **Organiza una fiesta en el jardín o un asado.** Una de las cosas que más he disfrutado con quienes quiero desde muy chica es prender el asador y disfrutar del atardecer. Es una buena oportunidad para disfrutar la luz, compartir alimentos y sacar provecho de las últimas horas para celebrar junto con tus amigos.

✦ **Enciende una fogata.** Las oportunidades no se limitan a las horas de luz. Extiende el poder del sol encendiendo una fogata. El asado no tiene que ser en el día, puedes reunirte de noche. Una fiesta en el jardín puede ayudarlos a disfrutar horas más frescas.

Cual sea la opción que elijas, aprovecha la ocasión para quemar hierbas sagradas en la fogata que enciendas. Esto permitirá una purificación, será como un ritual.

El fuego debe apagarse de forma natural. Cuando se haya extinguido, recoge las cenizas para usarlas en otros rituales en los que las puedas usar durante el resto del año, pero si decides no hacerlo, también pueden servir como un gran fertilizante para tu jardín.

✦ **Crea una bolsita mágica.** Las plantas y cristales tienen importantes propiedades. Quizá ya las incluimos en nuestro espacio, nuestros altares o las integramos de alguna manera en la cocina, pero sus bondades las podemos traer a nuestro día a día si las depositamos en una bolsita mágica que llevemos a todos lados.

Para hacerla, recolecta hierbas, cristales y otros elementos mágicos que estén asociados con la energía de vida. Guárdalos en una pequeña bolsa de tela y ciérrala con un listón. Es importante que antes de usarla dejes tu bolsa al sol para que pueda recolectar su energía. Una vez hecho eso, podrás usarla en hechizos y rituales en una fecha posterior.

Pero ¿por qué es tan importante aprovechar esta época? Pues porque la energía en Litha es la energía solar más poderosa de todo el año.

- ✧ **Realiza un ritual nocturno.** En esta época la noche es corta y mantiene calidez. Esto permite realizar rituales nocturnos al aire libre con las condiciones climáticas que quizá no tendrías en otra época del año y que resultan ideales para este momento.
- ✧ **Medita afuera.** Creo que ya te diste cuenta de hacia dónde voy… ¡haz todo al aire libre en esta época del año! Busca aquel jardín en el que sientes paz, extiende tu tapete favorito, encuentra el spot perfecto en silencio y ponte a meditar.

Herramienta mágica:
Alinea tus chakras en Litha bajo la luz del sol

Escucha el siguiente audio que contiene mantras para que en un minuto estés alineado.

Lam, Vam, Ram, Yam, Ham, Om

LAMMAS/LUGHNASADH/ FESTIVAL DE FUEGO
1º de agosto

Lammas marca el inicio de la temporada de la cosecha y se festeja entre el solsticio de verano y el solsticio de otoño.

En la tradición celta se dice que la madre adoptiva del dios Lug, por quien este sabbat lleva el nombre, murió de agotamiento por limpiar los campos de cultivo, por lo que esta festividad está fuertemente asociada con la agricultura.

Debido a esta asociación, Lammas nos invita a vibrar en gratitud por las bendiciones que la tierra nos ha proporcionado. Es un momento maravilloso para reflexionar sobre lo afortunados que somos y agradecer todo lo que hace que nuestra vida sea más sencilla.

Como es arriba es abajo, como es afuera es adentro

Esta festividad celebra el comienzo de la temporada de cosecha. Puede que hoy en día no coseches trigo de los campos, pero esta temporada viene cargada de energía. Tienes tus cosechas personales por delante, cosas que has ido cultivando a lo largo del año.

Es posible que sientas que no has estado cultivando nada, pero esta energía de Lammas ha estado trabajando en los últimos meses. Todos los esfuerzos que has hecho desde que inició el año, cuando quizá comenzó tu siembra o esta-

6. Sintonía

bas en un momento importante del cuidado de ella, van a dar sus frutos en esta temporada.

Por ello te invito a que te detengas un momento en este punto medio del verano. Échate un clavado a tu interior, analiza todas las formas en que has estado fomentando tu crecimiento. ¿Qué frutos ves formándose en tu vida? ¿Qué sueños quieres hacer realidad? Una vez que tengas claridad sobre estas y otras preguntas sobre tu proceso, permítete reconocer lo duro que has estado trabajando.

Es muy importante reconocer los esfuerzos que has realizado y que celebres incluso las cosas "más pequeñas" que te llegan con esta cosecha. Lo es incluso más que recuerdes que las cosechas se ven de diferentes formas. A veces nuestras cosechas más poderosas son nuestro propio crecimiento y transformación personal. Y eso es superdifícil de medir, porque podemos llegar a pensar que no hay nada para cosechar. Evita abrumarte. Te prometo que el simple hecho de ser un humano que vive las incertidumbres de la vida hace que crezcas de maneras de las que tal vez aún no te hayas dado cuenta. Y ese crecimiento va a dar frutos de alguna manera, sí o sí.

Una de las lecciones más hermosas que nos enseña Lammas es la de confiar. Confía en que te estás esforzando. Confía en que has trabajado duro. Confía en que hay semillas que has sembrado. Has cuidado tu jardín y nutrido cosas que están creciendo. ¡Y habrá cosechas abundantes que provengan de tus esfuerzos! Confía en que todo se desarrollará en su propio tiempo divino.

Te aconsejo que reflexiones en lo siguiente:

¿Qué estás cosechando en tu vida en este momento?

_____
_____
_____

¿Qué esperas cosechar en los próximos meses?

_____
_____
_____

¿Qué temes que pueda interponerse en tu camino?

_____
_____
_____

¿Qué es lo que podrías hacer ahora mismo para asegurarte de que eso no suceda? Escribe algo que puedas hacer, ahora mismo, para corregirlo.

_____
_____
_____

6. Sintonía

Tómate un momento para apreciar todo el trabajo que haces para crecer y evolucionar.

_____
_____
_____

¿Cómo celebrar Lammas?

- ✧ **¡Come, bebe y sé feliz!** Haz un gran festín de alimentos de temporada para atraer una cosecha abundante. Algunos alimentos de esta temporada son el pan, los cereales, el maíz y la calabaza.
- ✧ **Diviértete.** Anteriormente para celebrar Lammas se llevaban a cabo los juegos Tailteann en honor a la madre adoptiva de Lug, Tailtiu. Eran competencias atléticas rigurosas, muy parecidas a las Olimpiadas, pero se cree que tienen un origen aún más antiguo. Si te gustan las competencias deportivas puedes reunirte con tu grupo de amigos para algún partido del deporte que les guste, si tus amigos no son tan atléticos, pueden hacer una noche de juegos de mesa.
- ✧ **Medita.** Honra todo aquello por lo que te sientas agradecido.
- ✧ **Decora tu altar.** Inspírate en los colores de un campo listo para la cosecha: amarillo, café, dorado, bron-

ce y verde. Los ornamentos ideales para incluir en este espacio son cornucopias, canastas de mimbre, granos, maíz, arroz o avena. Los cristales asociados con esta celebración son el citrino, la cornalina, la aventurina, la malaquita y la obsidiana. Los aromas de incienso y las hierbas asociadas con esta celebración son el romero, el sándalo, la rosa, la albahaca, el perejil y la menta.

Ritual mágico: mi escoba brujil

Una escoba mágica nos ayuda a limpiar la energía de un espacio. A mí me gusta usar una escobita mágica para limpiar los espacios de mi altar o para abrir mi círculo antes de mis meditaciones y rituales.

Cuando fabricas tu propia escoba en lugar de comprarla, puedes imprimirle tu propia magia, de forma que se vuelve un objeto y una herramienta especial y único.

Desde que tengo memoria, las brujas aparecen representadas con sus fieles escobas. Las escobas tienen una larga historia en la magia y las brujas siguen utilizándolas en la actualidad.

Pero ¿por qué las usan?
La escoba era una herramienta doméstica que las mujeres usaban a diario. En la Edad Media muchas mujeres eran acu-

sadas de brujería y una de las representaciones más antiguas de una bruja volando en una escoba es un mural de la diosa Frigga en la catedral de Schleswig, Alemania, que data de finales del siglo XII.

En los documentos del juicio a las brujas, las que "confesaron" haber practicado brujería admitieron haber usado sus escobas para volar a sus sabbats. Guillaume Adeline, un brujo francés del siglo XV, confesó haber volado en una escoba hacia su aquelarre.

Además de la idea de que las brujas "volaban" en sus escobas, se decía que las brujas también bailaban con ellas alrededor del fuego ritual.

La bruja escocesa Isobel Gowdie confesó haber usado un palo de escoba de una manera inteligente: lo colocaba en la cama para engañar a su marido haciéndole creer que era ella mientras estaba fuera de casa por la noche.

Pero la escoba era también utilizada como herramienta de fertilidad. La escoba es efectivamente un símbolo fálico, pero según Judika Illes,[2] es tanto masculina como femenina. El palo representa al macho y este se inserta en las ramitas, la materia vegetal, que son representativas de lo femenino. Curiosamente, el sinónimo de consolador hace siglos era "palo de escoba". Y una metáfora para referirse a tener relaciones sexuales era que "montabas en la escoba".

Entre los usos mágicos de la escoba, el propósito principal era el de purificar. Hasta la fecha usamos las escobas en nuestro día a día para barrer la suciedad y los escombros. Mágica y místicamente, utilizamos escobas para barrer la energía negativa de nuestro hogar y espacio sagrado.

¿Cómo hacer una escoba?

Aprender a hacer una no es difícil. Aquí te dejo los pasos para reunir el material adecuado y hacerla. Recuerda no tomar nada que no se haya caído naturalmente del árbol o planta para mostrar respeto al ciclo de vida.

---
[2] Judika Illes es una autora estadounidense de libros esotéricos de no ficción, aromaterapeuta y lectora de tarot.

Necesitarás:

- ✧ Una rama grande o palo
- ✧ Ramas más pequeñas para hacer las cerdas de la escoba. Recomiendo que sean de lavanda, romero, ruda, cedro, o pino
- ✧ Rafia o cuerda
- ✧ Pistola de silicona
- ✧ Tijeras
- ✧ Accesorios decorativos: charms o dijes, cintas, listones y demás material para personalizarla

Crea tu escoba:

- ✧ Reúne todos los materiales.
- ✧ Crea un ambiente para hacerla utilizando incienso y música.
- ✧ Toma la rafia o cuerda y comienza a atarla alrededor de la parte inferior del palo unas cuantas veces. Para dar más firmeza utiliza silicona caliente en la zona de la cuerda y busca que los extremos queden sueltos, abiertos.
- ✧ Durante el proceso, visualiza una luz blanca que irradia desde las cerdas subiendo hasta la punta. Coloca más ramas sobre las que ya pegaste y de nuevo ata la cuerda alrededor. Repite hasta que sientas que las cerdas de tu escoba están lo suficientemente llenas. Luego ata con un nudo el sobrante de cuerda y pégalo con silicona para sellarlo.

- Decora tu escoba con listones y dijes si te sientes llamado a hacerlo.
- Sostén la escoba entre tus manos y cierra los ojos. Visualízate usando la escoba para purificar tu espacio sagrado.

¿Cómo puedo usar mi escoba?

- **Para purificar tu casa.** Para limpiar tu hogar de energía negativa toma tu escoba de bruja y comienza a barrer por la puerta trasera. Barre cada habitación, moviéndote en el sentido contrario a las manecillas del reloj de una habitación a otra y luego termina en la puerta trasera donde comenzaste. Saca la suciedad por ahí, si lo haces por la puerta de entrada, invitas a la energía negativa a que entre de nuevo. Según Scott Cunningham, reconocido autor en el campo de la magia natural, cuando adquieres una escoba nueva el primer uso debe barrer algo positivo en tu hogar. Las antiguas tradiciones inglesas sugieren que se coloque sal en el suelo y luego se barra. Esta absorbe y barre los malos espíritus.
- **Para limpiar tu espacio sagrado.** En lugar de tocar el suelo con las cerdas, barre ligeramente por encima de tu altar en movimientos circulares que vayan en sentido contrario a las manecillas del reloj. Esta acción "deshace" y limpia la energía negativa. Si dedicas una escoba a tu práctica mágica, déjala cerca de tu altar.

6. Sintonía

MABON/EQUINOCCIO DE OTOÑO
20-23 de septiembre

En esta temporada la noche y el día tienen la misma duración. A partir de este momento los días son más cortos y las noches más largas.

Mabon es una celebración y también un tiempo de descanso después del trabajo de la cosecha. Es hora de completar proyectos, de despejar y soltar lo que ya no deseamos ni necesitamos mientras nos preparamos para el descenso, para que el invierno pueda ofrecer un tiempo de reflexión y paz. Es hora de plantar semillas de nuevas ideas y esperanzas que permanecerán dormidas pero alimentadas en la oscuridad, hasta el regreso de la primavera.

El nombre proviene de Mabon, el dios galés. En la mitología galesa se le conoce como "Mabon ap Modron". Como lo indica ese nombre completo, Mabon es el hijo de la diosa de la madre tierra Modron, una destacada figura materna sobrenatural en la mitología galesa. El mito cuenta la historia de un niño secuestrado por su madre, similar a las historias de Perséfone.

Este equinoccio resuena con el arquetipo de la Justicia. Esta carta del tarot habla de las consecuencias de nuestras acciones y sus efectos en el futuro. ¿Lo que hemos hecho será suficiente para sostenernos en la temporada de oscuridad?

En Mabon también nos enfocamos en el perdón.

Como es arriba es abajo, como es afuera es adentro

A medida que avanzamos hacia el otoño, la energía de fuego y calor se calman. Los días se vuelven más fríos. La energía del otoño nos ayudará a reconectar con algunas de las rutinas que quizá abandonamos durante el verano y a adoptar algunas prácticas que aportan un mayor sentido de equilibrio a nuestra vida.

Volvemos a ser nosotros mismos. El otoño es una temporada muy introspectiva.

Este es un momento para reflexionar sobre lo que nuestro yo interior necesita para sentirse equilibrado y alineado.

Correspondencias

- **Colores.** Los colores de Mabon son los del otoño:
  - Rojo
  - Dorado
  - Naranja
  - Café
  - Verde oscuro e intenso

- **Alimentos:**
  - Moras
  - Manzanas (alimentos derivados como tartas de manzana y sidra)
  - Uvas (y vino)

- **Cristales.** Muchos de los cristales que corresponden a Mabon también corresponden a los colores del otoño.

6. Sintonía

Conéctate con estas piedras usándolas o colocándolas en tu altar:
- Citrino amarillo
- Ámbar
- Ojo de tigre
- Jaspe rojo

Reflexiona en todos los momentos divertidos que pasaste este verano. Reserva algo de tiempo para el trabajo de crecimiento personal y la exploración interior.

Es un trabajo increíblemente importante en este momento dedicar tiempo a explorar cómo has crecido a través de todas estas experiencias.

Piensa en el profundo crecimiento que has tenido este año y contesta:

¿Cuáles fueron tus aventuras favoritas?

_____
_____
_____
_____

¿De qué experiencias estás más agradecido?

_____
_____

¿Cuáles fueron tus aprendizajes favoritos este año?

¿Qué experiencias te desafiaron?

Describe qué te enseñaron estas cosas. ¿Cómo has cambiado? ¿De qué manera has tenido que madurar y crecer debido a ellas?

6. Sintonía

Reconoce las cosas que has superado y escríbelas.

_____
_____
_____
_____

Escribe las cosas que ya no te sirven y necesitas dejar ir.

_____
_____
_____
_____

¿Qué cosechas inesperadas traerá este nuevo crecimiento?

_____
_____
_____
_____

Con la entrada del otoño estaremos sentando las bases para un gran cambio en las próximas semanas y meses. Es importante dejar atrás viejos patrones, hábitos destructivos y creencias limitantes que te están frenando. Al igual que las hojas de otoño, te estás preparando para liberar esas cosas que ya no te sirven.

Práctica de gratitud

La energía y la sensación que se generan cuando realmente sentimos gratitud es algo increíble. Esta elimina el miedo, la ira, la tristeza y cualquier otro sentimiento estancado. Nos hace sentir ligeros, elevados y en paz.

Practicar la gratitud cambió mi forma de ver la vida y dónde estoy. Cuando comencé a practicarla con regularidad, las cosas empezaron a transformarse. Encontré nuevas personas que podrían ayudarme, inspirarme, atraer más de lo que quiero, ver lo que tengo y estar presente.

Estar agradecida me puso en una vibración diferente.

Vibrar en gratitud hace que se iluminen las cosas y situaciones. Si no experimentamos gratitud vivimos en piloto automático; no vemos lo que tenemos, no lo apreciamos ni lo sentimos, solo vemos nuestras carencias.

Salvo por los sentimientos que me trajo esta virtud, los beneficios no sucedieron de manera instantánea, sino que tomaron su tiempo.

Beneficios de vibrar en gratitud

- Ser más conscientes y estar más presentes.
- Un cambio de nuestra química interna. Estar en un

estado constante de ira y estrés puede provocar enfermedades.
- ✦ Ayuda a identificar los innumerables dones y bendiciones que tenemos.
- ✦ Libera dopamina y serotonina en el cerebro, que contribuyen a ayudarnos a sentirnos felices, alegres y positivos.
- ✦ Bienestar mental y físico. Te encontrarás más positivo, más amable con los demás y contigo mismo y compasivo.

Herramienta mágica:
Alejando la negatividad, atrayendo la prosperidad

Te regalo estos mantras que alejan las vibraciones negativas:

Aap Sahaee Hoa

Escúchalos con el corazón abierto y date el espacio para vibrar en gratitud.

CAPÍTULO 7
Integración

MANIFESTANDO LA VIDA
DE TUS SUEÑOS

Desde que comencé el proyecto de Taller Mágico las preguntas más recurrentes son: "¿Cómo puedo cumplir mis sueños?, ¿cómo puedo manifestar eso que tanto deseo?".

Me he encontrado con una infinidad de personas llenas de frustración que afirman que aun y cuando meditan, hacen rituales y saben lo que desean, simplemente no lo logran atraer. Es como si sintieran que a ellos no les toca, que tal vez algo están haciendo mal, que nunca cumplirán sus sueños, que la vida no les sonríe. Incluso se frustran porque se tardan en llegar a la meta, llegan imprevistos, la vida "se las voltea".

Si entendemos que todo en este planeta, sea tangible o intangible, tiene una vibración, y que lo similar atrae a lo similar, entonces tu frecuencia es tu varita mágica. Tú creas tu realidad. Pon un gran esfuerzo en educar a quien o a lo que crea tu realidad, porque tu mente es lo que está creando la experiencia completa.

Si estás generando discursos con miedo, angustia o frustración, estás siendo esclavo de tu mente.

Abracadabra

¿Pensaste en el mago Merlín? ¿En alguna película de ciencia ficción o en un cuento infantil?

Esta frase es muy poderosa, algunas fuentes dicen que proviene del arameo "avrah kahdabra", que en español significa "yo creo como hablo". Otras dicen que proviene de la expresión hebrea "Aberah KeDabar", cuyo significado es "iré creando conforme hable". Lo cierto es que el universo siempre te va a dar la razón.

Sí, la realidad del mundo es dura, pero ¿con qué información conectas?, ¿cómo te hablas todos los días?

Desde que comencé a vibrar en certeza me han pasado cosas indescriptibles. Vibrar en certeza es permitirte creer que el mundo es mágico, porque el universo siempre te va a dar la razón. Si tú verdaderamente crees que eres abundante, feliz, pleno, amado, ese es el mundo en el que vas a vivir.

Preocúpate por el qué, no por el cómo

Me consideraba afortunada. Afortunada de tener un trabajo que amaba, bien remunerado, afortunada de tener una fa-

7. Integración

milia unida, sana, amorosa, de tener amigos increíbles, que me sostenían y hacían muy feliz. Pero por alguna razón mis relaciones amorosas siempre se desmoronaban.

Yo misma decía que tenía mejor suerte en lo profesional que en lo amoroso. Atraía al mismo tipo de hombres: infieles, emocionalmente inmaduros, con miedo al compromiso y que se intimidaban por estar con una mujer trabajadora, que incluso ganaba más dinero que ellos.

En mis relaciones vivía con el constante miedo de no ser suficiente y que mi pareja me dejara. Así que aceptaba conductas tóxicas y malos tratos para demostrar que sí los podía "retener". Por mucho tiempo culpé a esos hombres que llegaban a mi vida, hasta que me di un clavado en mi interior y vi que el común denominador en estas relaciones era yo.

Claramente había un patrón, una huella de abandono que tenía que trabajar para entenderme merecedora de amor y de una relación no conflictiva.

No fue hasta que hice un ritual de amor bonito que pude encontrar en mí todo el amor que tenía para darme y para ofrecer. Pude sentirme valiosa. Y justo un mes después de hacer el ritual, reconecté con el amor de mi vida, esa persona que había conocido a mis catorce años, ese chico al que le tomé una foto y la pegué en un álbum de recuerdos y después la olvidé. Nos reencontramos veinte años después y desde entonces no nos hemos separado.

Llegó la pandemia y yo me quedé sin trabajo. El primer año pude usar mis ahorros para sostener mi vida, pero nadie veía venir lo que sucedió. Los ingresos eran casi inexistentes y tenía que cubrir costos, así que dinero salía, pero no entraba.

Tenía la certeza de que todo estaría bien, y la verdad no llegué a angustiarme o frustrarme. Vivía con mi hermano en un departamento precioso que rentamos por cuatro años y ahí construimos un hogar maravilloso. Sin embargo, llegó el momento de renovar contrato y no solamente se había convertido en una renta impagable en la pandemia, sino que mi casero había decidido subir el precio en dado caso de renovar.

Seguía sin trabajo, y sin un panorama favorable económicamente hablando. Mi única opción era buscar un nuevo hogar que se adaptara a esta nueva situación monetaria, pero para ello había que hacer inversiones que no tenía contempladas, como mudanza, depósito y un mes por adelantado.

Ahí fue cuando comencé a preocuparme, y una noche hablando de esto con mi novio me propuso irme a vivir con él. "No te preocupes, vente conmigo y yo te cuido, pronto pasarás esta racha y todo estará bien".

Al comentarle a mi hermano la propuesta que había recibido, me encontraba negada y decía que no quería que las cosas fueran así. Que si decidíamos vivir juntos debería de ser en un panorama diferente, cuando yo no tuviera esa "necesidad", cuando yo estuviera "bien", es decir, que mi falta de dinero no fuera la razón por la cual viviéramos juntos.

Mi hermano se echó a reír.

—Carla, ¿qué le habías pedido al universo por tanto tiempo? Que querías una relación estable, en donde tu pareja estuviera ahí para ti, que te cuidara, que no tuviera miedo al compromiso y que construyeran un hogar juntos.

Me quedé pensando y respondí:

—Sí, pero así no.

Después de un breve silencio nos carcajeamos.

—No te toca a ti decir cómo. A ti solo te toca el qué. El universo te está dando lo que le pediste, no te pongas necia y acéptalo con gratitud.

Acepté la propuesta y ha sido la mejor decisión de mi vida. Por fin llegó alguien que me cuida, me quiere, es equipo conmigo, y estamos construyendo un hogar día a día desde el amor. Era lo que había pedido. El qué ya estaba. El cómo no me tocaba.

Con el paso de unos meses, la certeza que tenía llegó. Nuevamente estaba económicamente estable, y no solo eso, tenía un nuevo trabajo bien remunerado. Desde ese día no me ha faltado el dinero.

¿Has escuchado cómo hablas? Las palabras tienen poder. Creamos nuestra realidad a partir de lo que sentimos, pensamos y decimos.

LEY DE ATRACCIÓN

¿Cómo utilizar la ley de la atracción para manifestar?

La ley de la atracción es una de las leyes del universo más importantes que puedes dominar si quieres manifestar lo que deseas con precisión y facilidad.

Nos ayuda a manifestar lo que deseamos gracias a la energía que enviamos. Es importante recordar que cuando estás alineado con la energía vibratoria de lo que deseas, lo atraes a tu realidad. Existen muchas definiciones, pero todo se reduce a "lo similar atrae lo similar".

Esta ley se aplica a todo lo que existe. Desde lo tangible, como son los objetos, las personas y las situaciones; hasta cosas intangibles, como pensamientos, sentimientos y emociones. Es por eso que las personas experimentan fenómenos que las llevan a decir "traigo una racha de buena suerte" o "traigo la nubecita negra sobre mí".

No es coincidencia que cuando las cosas mejoran, mejoran. Y cuando las cosas empeoran, empeoran mucho. ¿Te ha sucedido que pasan muchos días de sequía? Por ejemplo, en los que no hay nada de trabajo, y de repente, de un día para otro te lluevas oportunidades laborales alrededor de las mismas fechas.

Esto se explica en relación con esta ley. Todo se reduce a tu energía, la cual atrae constantemente situaciones, eventos y experiencias, según con lo que resuenas.

Aplicar esta ley a tu vida hará que tengas absoluta claridad sobre por qué las situaciones ocurren de la manera en que lo hacen y, lo que es más importante, qué puedes hacer para cambiar tu energía y cambiar los resultados que obtienes.

7. Integración

¿Cómo manifestar usando la ley de la atracción?

Para aprovechar el poder de la ley de la atracción y usarla para manifestar tus deseos, debes mirarla desde la perspectiva de la energía.

El tipo de energía que envías determina el tipo de energía que recibes. Esta ley aplica tanto a las cosas que deseas como a las que no deseas. Cuando envías energía positiva y de alta vibración, como alegría y amor, atraes cosas, situaciones y personas que coinciden con tu alegría y amor. Cuando envías energía de baja vibración, como el miedo y la preocupación, atraes cosas, situaciones y personas que coinciden con tu miedo y preocupación. Por eso es tan importante estar atentos a nuestra energía en todo momento.

Mientras mantengas la alineación vibratoria con la de tu deseo, lo atraerás a tu realidad.

La diferencia entre metas e intenciones

Es importante reconocer que para poder atraer a nuestra vida lo que deseamos necesitamos saber qué queremos atraer a nuestra vida.

Suena fácil, pero no lo es, estamos acostumbrados a decir: "Si algo es para mí... el universo me lo pondrá enfrente".

Cuando éramos niños escribíamos nuestra carta a Santa Claus o los Reyes Magos. Y era muy importante ser específico. ¿Cómo va a saber Santa que quieres una bicicleta roja si no se la pides? ¿Cómo esperas que Santa te traiga algo que quieres si ni tú mismo sabes qué es?

Imagínate que vas a un restaurante elegante. Hiciste tu reservación con anticipación, te sientan en una mesa preciosa en medio de un ambiente increíble. Llega el mesero, te ofrece el menú. Y cuando es momento de ordenar tú respondes: "No sé". Te prometo que esa noche no vas a cenar. O cenarás algo que tal vez no era lo que tenías en mente.

¿Cómo esperas que el universo te dé lo que pides si no se lo pides? Es muy importante saber lo que queremos, para que una vez que lo sepamos podamos establecer nuestras metas e intenciones.

Ahora, ¿cuál es la diferencia? Las metas tienden a ser específicas, mientras que las intenciones tienen que ver con el rumbo. Una meta sería "quiero hacer ejercicio tres veces a la semana", mientras que una intención es "quiero cuidar mejor mi cuerpo" o "quiero aprender a recibir". Las metas nos hablan de resultados específicos, mientras que las intenciones son "formas de ser" que queremos invitar a nuestra vida.

Las intenciones son invitaciones para que el universo nos deleite. Muchas veces, cuando establezco una intención, es porque me siento frustrada e impotente por algo, pero no tengo idea de cómo cambiarlo. Cuando establezco una intención le pido al universo que me ayude a encontrar un camino que me cuesta encontrar por mi cuenta. Cuando establezcas una intención prepárate para transformarte en un estudiante ansioso mientras el universo te guía en una aventura increíble que reorganizará cada célula de tu ser.

7. Integración

Cómo establecer intenciones para que realmente funcionen:

- **Sé claro y con un enfoque positivo: Piensa en lo que "quieres" y no en lo que "no quieres".** Siempre, siempre enfócate en lo que quieres. Atraes en lo que te enfocas; si te enfocas en lo que no quieres, crearás más de eso. En lugar de "dejar de pasar tanto tiempo en las redes sociales", piensa en "encontrar nuevas formas positivas de pasar mi tiempo".
- **Comprométete a trabajar en tu intención por un periodo de tiempo.** Te recomiendo que trabajes con tus intenciones durante un mes. Se necesita tiempo para que una intención haga su "magia", pues es un proceso que requiere constancia y repetición, especialmente si estás cambiando algo que está realmente arraigado como una creencia limitante.

  Regresemos a la historia del restaurante, digamos que ahora sí sabes lo que quieres. Pides una deliciosa langosta y te pones ansioso conforme pasan los minutos porque no te la han traído pese a que el mesero te asegura que sí tomó tu orden. Pero tu petición fue especial, no puede llegar así sin más. Confía en que el universo está trabajando en tu orden.
- **Deja que tu intención te cuestione.** Pregúntate: ¿lo que estoy pensando/haciendo se alinea con mi deseo? Si no es así, ¿qué debo cambiar? Cuando nos

comprometemos a hacer un cambio, a veces no estamos completamente seguros de qué es lo que necesitamos cambiar. Pero a lo largo del camino podemos reflexionar y decir: "Ese pensamiento no está alineado con el lugar al que quiero llegar. Tal vez por eso me está costando trabajo". Revisa que tus acciones estén alineadas con tus intenciones.

- **Mantente abierto a ideas nuevas que te inspiren.** Atrévete a hacer algo diferente. Esta es la parte mágica de aprender a establecer intenciones, donde el universo literalmente te guía en una aventura más allá de lo que podrías haber planeado. Tu intención hará de las suyas proporcionándote conocimientos y epifanías a medida que liberas el miedo y el dolor para confiar en que algo mejor está por llegar. Muchas veces nuestra intención es más pequeña que la que el universo tiene preparada para nosotros. Confía.

- **Documenta tu proceso.** En lo personal me gusta usar un journal. Mi diario de metas está en mi mesita de noche, así que lo primero que hago al despertar o antes de dormir es documentar algo por lo cual estoy agradecida ese día, puede ser algo simple, pero eso me ayuda a conectar con la gratitud, y esa frecuencia atrae más cosas buenas. Al documentar mis logros y por lo cual estoy agradecida, puedo vibrar en la certeza de que lo que estoy buscando tam-

7. Integración

bién me está buscando a mí. Y una vez que llegue, lo documento, lo celebro, lo reconozco.

- **No te castigues.** Confía en tu proceso. Muchas veces comprometerte a cambiar algo ilumina todas las cosas que te impiden hacerlo, o todos tus malos hábitos, defectos e inseguridades. Esto es algo bueno. Estas cosas surgen para que puedan ser honradas y liberadas, o al menos aceptadas y abrazadas en amor. Castigarte por el pasado o por cosas fuera de tu control solo refuerza cualquier creencia basada en el miedo que te impide vivir de una manera que realmente te honre. Acéptate a ti mismo y a los desafíos de la vida. Confía en que todo está sucediendo para tu mayor bien. Sé compasivo contigo. Aprende a pedir ayuda, siempre está ahí. Pero no pongas excusas y comienza ahora.

Ejercicio de manifestación

¿Qué es lo que quiero atraer? Recuerda que debes pensarlo en positivo.

_____
_____
_____

Ahora conviértelo en una afirmación. Escribe como si ya hubiera pasado.

_____
_____
_____

¿Qué acciones haré para cumplir lo que deseo atraer?

En las próximas 24 horas:

_____
_____
_____

En la próxima semana:

_____
_____
_____

En el próximo mes:

_____
_____
_____

7. Integración

Me comprometo de todo corazón.
Que así sea. Así es. Hecho está.
Gracias. Gracias. Gracias.

Firma aquí:

_____

Herramienta mágica:
Mantra de atracción y manifestación

Om Kleem

Aprendizaje

Espero que este libro te inspire a volver la atención hacia adentro, a que cultives un vínculo sano, amoroso y consciente contigo mismo. A que te preguntes qué cosas se alinean con tu verdad.

Puedes desaprender lo aprendido, puedes romper con años de comprarte creencias que no son tuyas para sanar. Atrévete a cuestionarte y conectar con tu verdad. Lo que creemos es nuestra base de todo, nos permite sostenernos para crear la vida que deseamos.

A lo largo de mi vida he pasado por situaciones dolorosas e incómodas, decepciones, corazones rotos, he dejado gente en el camino, y el aprendizaje es que la vida siempre nos lleva a donde tenemos que estar. Te invito a que tengas tu corazón y tu mente muy abiertos, que te aventures a vivir la experiencia completa que es la vida y que observes con mucho amor y compasión todos los escenarios que se te presentan.

Mientras escribo estas palabras no estoy más que agradecida y honrada de poder estar creando mi cuarto libro, esto me hace muy feliz, soy muy afortunada. Miro hacia atrás y recuerdo con amor todo lo que tuvo que pasar para que estuviera hoy aquí.

No hay casualidades, solo sincronías, y si tienes este libro en tus manos espero que sea un apapacho y un recordatorio de que no estamos solos, somos muchos en este camino de aprendizaje. Si estás viviendo un momento duro o confuso recuerda que esto también pasará, es solo un escalón más para acercarte a eso que tanto deseas. Hay cosas difíciles que nos pasan, y aunque no lo puedas ver en este momento, esto es lo mejor que te puede haber pasado.

No clasifiques en bueno o malo, la vida simplemente *es* y la existencia tiene un diseño muy específico y sabio de experiencias de las cuales podemos aprender. La enseñanza más importante que he tenido es que si vivimos la vida en automático, viajando constantemente al pasado y al futuro no podemos habitar el presente. La belleza más grande de esta vida es que no tenemos el control, no sabemos lo que va a pasar, eso es maravilloso y una invitación a encontrar las respuestas que habitan dentro de ti.

Jamás vamos a poder controlar lo que los demás opinen de nosotros. Solo tú sabes lo que te hace sentido, lo que conecta con tu esencia y no lo que la sociedad y las personas a tu alrededor dicten. Elígete siempre a pesar de lo que opine el resto, no sacrifiques aspectos de tu ser para complacer a

Aprendizaje

los demás. Vamos a estar expuestos a múltiples opiniones, no olvides la importancia del autocuidado, esa es la llave para volver a encontrarte.

Esto es un trabajo constante y amoroso, la magia se practica todos los días. Vive y abraza cada ciclo de tu vida, viniste a ser feliz, no te distraigas.

Bienvenido de vuelta.

Herramienta mágica:
Mantra para recoger e integrar todas las enseñanzas que te resuenen de este libro

Om Namah Shivaya

Agradecimientos

Erick, eres el primer deseo que la estrella me cumplió. Gracias por ser mi cómplice en cada capítulo de mi existir, por compartir tu arte. Sin ti estos sueños no se hubieran cumplido. Un pedazo de mi corazón está siempre contigo, ayer, hoy y siempre.

Rafa, gracias por amarme y acompañarme. Por creer en mí cuando ni yo misma lo hacía, por ser lo primero que veo al despertar, por amar mi luz y mi sombra, por encontrarnos en esta y otras vidas. Te amo infinitamente.

Mamushka, gracias por sanar conmigo, por abrir tu corazón y confiar. Te honro profundamente y honro a nuestras ancestras, a quienes valoro por la sabiduría que me han regalado.

Papi, gracias por entenderme con ojos amorosos, por observar mis procesos sin juicio y con orgullo.

A mi equipo mágico que me ha acompañado en cada letra, en los días de inspiración explosiva y en los días de bloqueo místico. Gracias por su paciencia y contención: David, Andrea, César, Verónica, Amalia, Paola, Diana, Ands, Emilio y Mariana. Gracias por tanto.

Navegar cada ciclo y cada proceso se hace mejor si se está en compañía. Así que quiero agradecer a todos los que son parte de la comunidad de Taller Mágico, gracias por cuidarme, sostenerme, abrazarme. Gracias a ustedes sé que puedo sola, pero elijo crecer con ustedes a mi lado.

Bibliografía

Alden, T., *Year of the Witch*, Weiser Books, 2020.

Blake, D., *The Witch's Broom: The Craft, Lore & Magick of Broomsticks (*The Witch's Tools Series, 1*)*, Llewellyn Publications, 2014.

Bodin L., N. Bodin y J. Graciet, *El gran libro de Ho'ponopono*, Obelisco, 2016.

Brown, B., *Rising Strong*, Spiegel & Grau, 2015.

Campbell, R., *Letters to a Starseed*, Hay House, 2021.

Cunningham, S., *Wicca*, Arkano Books, 2016.

Dispenza, J., *Breaking the Habit of Being Yourself*, Hay House, 2013.

Emoto, M., *The Hidden Messages in Water*, Atria Books, 2005.

Gilbert, E., *Big Magic*, Penguin Random House, 2016.

Herstik, G., *La magia de los cinco elementos*, Roca Bolsillo, 2022.

Illes, J., *The Weiser Field Guide to Witches*, Weiser Books, 2010.

Jodorowsky, A., *Psicomagia*, Penguin Random House, 1995.

Jung, C. G., *Los complejos y el inconsciente*, Alianza Editorial, 2013.

——, *Psychology of the Unconscious*, Dover Publications, 2003.

Kane, A., *Moon Magic*, Quarto Publishing Group, 2020.

MINCETUR (Perú). Complejo Arqueológico El Brujo. Recursos Turísticos. Disponible en https://consultasenlinea.mincetur.gob.pe/fichaInventario/index.aspx?cod_Ficha=109

Mohl, A., *El aprendiz de brujo: PNL*, Nirvana Libros, 2002.

Murphy-Hiscock, A., *The Green Witch: Your Complete Guide to the Natural Magic of Herbs, Flowers, Essential Oils, and More (*Green Witch Witchcraft Series*)*, Adams Media, 2017.

Ordóñez, A., *A la vida, ganas; a los sueños, alas*, Nube de Tinta, 2023.

Richards, Ch., *The Psychology of Wealth*, McGraw-Hill, 2012.